NE능률 영어교과서

대한민국 고등학생 **10**명 중 **4.7** 명이 보는 교과서

영어 고등 교과서 점유율 1위

(7차, 2007 개정, 2009 개정, 2015 개정)

리딩튜터

그동안 판매된 리딩튜터 1,900만 부 차곡차곡 쌓으면 19만 미터

에베레스트 21 배 높이

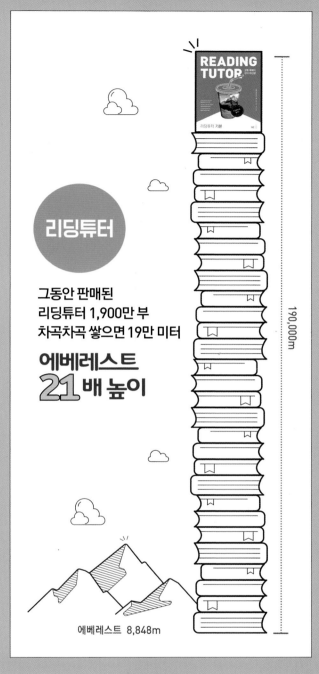

190,000m

에베레스트 8,848m

능률보카

그동안 판매된 능률VOCA 1,100만 부

대한민국 박스오피스 **천만명을 넘은 영화 단 28개**

VOCA

그래머존

그동안 판매된 450만 부으 **1000km**

KB013907

서울

부산

초등영어 사이트워드가 된다 1

지은이	NE능률 영어교육연구소
선임 연구원	김지현
연구원	김현숙, 설북
영문 교열	Curtis Thompson, Angela Lan
디자인	오솔길
내지 일러스트	윤영선, 정민정
맥편집	윤혜민
영업	한기영, 이경구, 박인규, 정철교, 김남준, 이우현
마케팅	박혜선, 남경진, 이지원, 김여진

Photo credits Shutterstock.com

초등영어

사이트 워드가 된다 ①

사이트 워드란?

보자마자 한 눈에 바로 읽어야 하는, 매우 높은 빈도로 등장하는 단어(high-frequency words)를 말합니다.   와 같은 단어들이에요.

왜 사이트 워드를 학습해야 할까요?

사이트 워드는 파닉스 규칙을 적용할 수 없는 단어들이 많아요. 또한, 파닉스 규칙을 적용하여 소리를 해독하면서 읽으려면, 빨리 읽기 어렵습니다. 이게 바로, 파닉스를 학습하고도 읽기에 어려움을 겪는 이유입니다. 사이트 워드를 바로 읽을 수 있어야 읽기 속도, 즉 유창성을 높일 수 있습니다. 사이트 워드는 파닉스에서 리딩 단계로 가는 다리 역할을 합니다. 파닉스 학습 후, 또는 파닉스 학습과 함께 사이트 워드를 익히는 것은 읽기 독립을 위해 필수적입니다.

그렇다면 어떻게 사이트 워드를 학습해야 할까요?

사이트 워드를 익히는 방법은 단어를 자주 그리고 많이 보는 것입니다. 글자를 해독하듯 읽지 않고, 단어 자체를 이미지화하여 보고 익히며 의미와 함께 기억해야 합니다. 이를 위해서는 반복적인 학습이 필요합니다. 반복적인 학습을 통해 유창성과 정확성 모두를 손에 넣을 수 있습니다.

1 단계적으로, 반복적으로, 차곡차곡 쌓이는 영어 자신감!

⭐ 읽기 활용도가 높은 사이트 워드 학습으로 읽기 독립이 가능해요

- 언어학자 Dolch와 Fry가 정리한 사이트 워드 목록을 바탕으로 하여 초등필수어휘와 중복되는 단어로 선별된 192개 단어를 학습해요.
- 개별 사이트 워드 학습에서 그치지 않아요. 단어에서 문장으로, 문장에서 스토리까지 학습해요.
- 파닉스 이후 초등영어의 간극을 메꾸며 읽기 독립을 이룰 수 있어요.

⭐ 누적 반복 학습해요

| 사이트 워드 4개, 패턴 문장 2개 학습 | → | 사이트 워드 4개 혼합 학습 | → | 4일 동안 학습한 사이트 워드와 패턴 문장 복습 | → | 사이트 워드가 포함된 스토리 읽기 |

2 사이트 워드를 재미있게! 많이!

⭐ 부담은 줄고 재미는 늘어나요

- 사이트 워드는 많이 보고 익숙해져야 해요. 하지만 지루하고 부담스러운 학습이 아니에요.
- 미로 찾기, 다른 그림 찾기, 사다리 타기 등 재미있는 활동으로 지루할 틈 없이 사이트 워드를 반복적으로 보고 익혀요.

⭐ 두 달 동안 192개 사이트 워드를 마스터해요

- 하루에 4쪽, 사이트 워드 4개가 쌓여, 2개월에 사이트 워드 192개를 학습해요.

**초등영어 사이트 워드가 된다로 공부하면
분명, 빠르고 정확하게 읽을 수 있어요!
읽기 독립이 가능해요!**

사이트 워드 확인하기

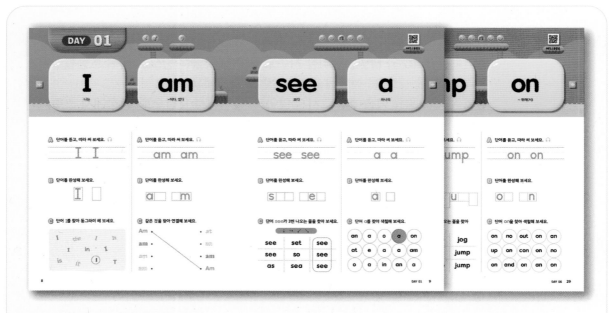

오늘 학습할 사이트 워드를 확인해요.
커다란 글씨의 사이트 워드를 보며 눈에 익혀요.

눈과 귀로 익히기
- 눈으로 보고, 귀로 들으며, 손으로 써요.
- 듣고 따라 쓰기, 단어 완성하기, 단어 찾기, 철자 쓰기 활동 등을 통해 사이트 워드를 반복적으로 익혀요.

재미있는 활동으로 사이트 워드와 친숙해지기

미로 찾기, 사다리 타기, 다른 그림 찾기와 같은 재미있는 활동을 하며 사이트 워드와 자연스럽게 친숙해질 수 있어요.

문장 읽기 훈련하기

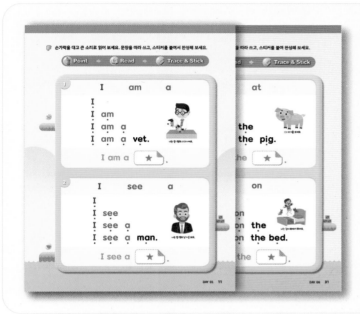

- 단어가 피라미드처럼 차곡차곡 쌓여 문장을 이루는 것을 익혀요.
- 문장 속에서 사이트 워드를 보고 읽을 수 있어요.

사이트 워드와 문장 확인하기

- 학습한 사이트 워드와 문장을 여러 활동을 통해 확인해요.
- 사이트 워드가 포함된 재미있는 스토리를 읽으며 읽기 능력을 한 단계 업그레이드해요.

	Sight Words				Sentence Patterns	
Day 16	will	make	want	blue	He will make a nest.	I want a blue bin.
Day 17	for	this	don't	they	This gift is for you.	They don't like this bug.
Day 18	do	ride	also	red	I also ride a car.	Do you want a red mug?
Day 19	ate	five	one	big	I ate five buns.	He has one big map.
Day 20	Review					
Day 21	her	help	stop	said	Don't help her.	"Stop!" she said.
Day 22	his	new	did	ask	I like his new bike.	Did you ask your mom?
Day 23	not	open	black	into	Do not open the gate.	We go into the black cave.
Day 24	out	came	yellow	was	The dog came out.	The hive was yellow.
Day 25	Review					
Day 26	eat	must	good	all	You must eat it.	We are all good at diving.
Day 27	put	first	know	how	First, put this box here.	Do you know how to bake?
Day 28	use	goes	three	its	Use three cubes.	My dog goes to its house.
Day 29	now	then	right	once	Then bite it once.	You can hide right now.
Day 30	Review					

DAY 01

I
나는

am
~이다, 있다

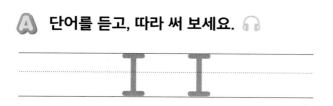

Ⓐ 단어를 듣고, 따라 써 보세요. 🎧

Ⓑ 단어를 완성해 보세요.

I ☐

Ⓒ 단어 I를 찾아 동그라미 해 보세요.

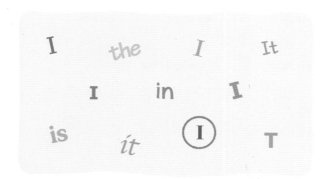

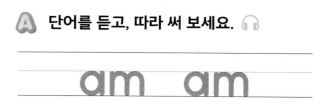

Ⓐ 단어를 듣고, 따라 써 보세요. 🎧

Ⓑ 단어를 완성해 보세요.

a ☐ m

Ⓒ 같은 것을 찾아 연결해 보세요.

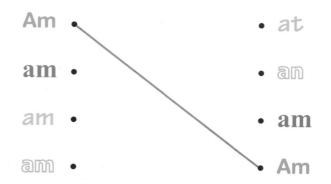

Am •   • at

am •   • an

am •   • am

am •   • Am

see

보다

a

하나의

🅐 단어를 듣고, 따라 써 보세요. 🎧

see   see

🅑 단어를 완성해 보세요.

| s | | | e | |

🅒 단어 see가 3번 나오는 줄을 찾아 보세요.

↓ → ↙ ↘

see	set	see
see	so	see
as	sea	see

🅐 단어를 듣고, 따라 써 보세요. 🎧

a   a

🅑 단어를 완성해 보세요.

| a | |

🅒 단어 a를 찾아 색칠해 보세요.

an	a	o	a	on
at	e	a	a	am
o	a	in	an	a

D I, am, see, a 단어를 따라가면서 토끼가 당근을 얻도록 길을 그려 보세요.

E 철자를 순서대로 배열하고, 알맞은 뜻과 연결해 보세요.

1. a _____ • • 하나의

2. m a _____ • • 나는

3. I _____ • • 보다

4. e s e see • • ~이다, 있다

손가락을 대고 큰 소리로 읽어 보세요. 그리고 ★ 에 스티커를 붙여서 원하는 문장을 만들어 보세요.

👍 Point ➡ 📖 Read ➡ ✏ Trace & Stick

1

I   am   a

I
I am
I am a
I am a **vet.**

나는 한 (명의) 수의사예요.

I am a ★ .

2

I   see   a

I
I see
I see a
I see a **man.**

나는 한 명의 남자를 봐요.

I see a ★ .

it
그것(은, 을)

is
~이다, 있다

A 단어를 듣고, 따라 써 보세요. 🎧

it it

A 단어를 듣고, 따라 써 보세요. 🎧

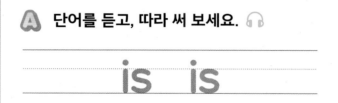

is is

B 단어를 완성해 보세요.

B 단어를 완성해 보세요.

C 단어 it을 찾아 동그라미 해 보세요.

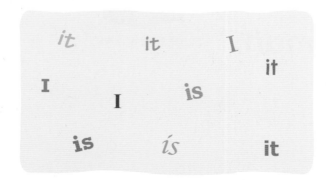

C 같은 것을 찾아 연결해 보세요.

is •   • it

is •   • is

is •   • is

is •   • in

can
~할 수 있다

an
하나의

Ⓐ 단어를 듣고, 따라 써 보세요. 🎧

can   can

Ⓐ 단어를 듣고, 따라 써 보세요. 🎧

an   an

Ⓑ 단어를 완성해 보세요.

c				a	

Ⓑ 단어를 완성해 보세요.

a			n	

Ⓒ 단어 can이 3번 나오는 줄을 찾아 보세요.

can	cane	cap
can	can	can
cat	an	cane

Ⓒ 단어 an을 찾아 색칠해 보세요.

a	an	un	a	in
at	an	an	a	an
am	a	an	up	a

it, is, can, an 단어를 찾아 각각 몇 개인지 세어 보세요.

it _____   is _____   can _____   an _____

E 철자를 순서대로 배열하고, 알맞은 뜻과 연결해 보세요.

1. s i _____ • • ~이다, 있다

2. n c a _____ • • 그것(은, 을)

3. n a _____ • • 하나의

4. t i _____ • • ~할 수 있다

Point ➡ Read ➡ Trace & Stick

1

is   it

Is
Is it
Is it a
Is it a cup?

그것은 컵인가요?

Is it a ★ ?

2

can   an

I can
I can see
I can see an
I can see an ant.

나는 한 마리의 개미를 볼 수 있어요.

I can see an ★ .

DAY 03

in
~ 안에

the
그

Ⓐ 단어를 듣고, 따라 써 보세요. 🎧

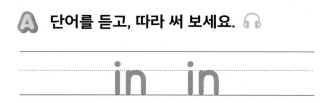

Ⓐ 단어를 듣고, 따라 써 보세요. 🎧

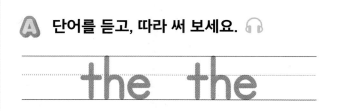

Ⓑ 단어를 완성해 보세요.

Ⓑ 단어를 완성해 보세요.

Ⓒ 단어 in을 찾아 동그라미 해 보세요.

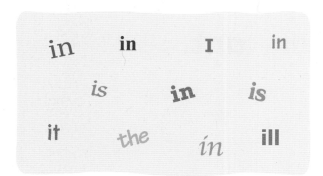

Ⓒ 같은 것을 찾아 연결해 보세요.

the •　　　　　• the

The •　　　　　• she

the •　　　　　• he

the •　　　　　• the

16

what
무엇

my
나의

Ⓐ 단어를 듣고, 따라 써 보세요. 🎧

what   what

Ⓑ 단어를 완성해 보세요.

| w | a | | | | t |

Ⓒ 단어 **what**이 3번 나오는 줄을 찾아 보세요.

what	what	hat
why	what	wet
what	that	what

Ⓐ 단어를 듣고, 따라 써 보세요. 🎧

my   my

Ⓑ 단어를 완성해 보세요.

| m | | | y |

Ⓒ 단어 **my**를 찾아 색칠해 보세요.

an	my	m	my	on
I'm	my	an	yes	my
my	me	am	me	ny

D 각 그림에서 in, the, what, my 단어를 찾아 동그라미 해 보세요.

🔍 두 그림의 다른 부분 7군데를 찾아 보세요.

E 철자를 순서대로 배열하고, 알맞은 뜻과 연결해 보세요.

1. y m _____ •   • ~ 안에

2. h e t _____ •   • 무엇

3. n i _____ •   • 나의

4. t w a h _____ •   • 그

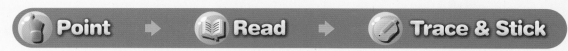
Point ➡ **Read** ➡ **Trace & Stick**

1

in   my

It is
It is in
It is in my
It is in my bag.

그것은 **나의** 가방 **안에** 있어요.

It is in my ★ .

2

what   in   the

What is
What is in
What is in the
What is in the box?

그 상자 **안에 무엇**이 있나요?

What is in the ★ ?

DAY 04

you
너는, 당신은

are
~이다, 있다

Ⓐ 단어를 듣고, 따라 써 보세요. 🎧

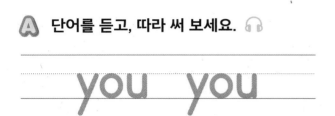

Ⓑ 단어를 완성해 보세요.

Ⓒ 단어 you를 찾아 동그라미 해 보세요.

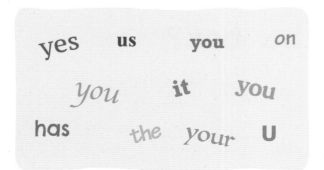

yes	us	you	on
you		it	you
has	the	your	U

Ⓐ 단어를 듣고, 따라 써 보세요. 🎧

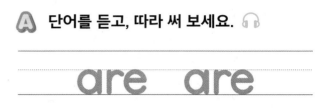

Ⓑ 단어를 완성해 보세요.

Ⓒ 같은 것을 찾아 연결해 보세요.

are •　　　　• am

are •　　　　• are

are •　　　　• or

are •　　　　• are

20

has
가지고 있다

no
아니, 하나의 ~도 없는

A 단어를 듣고, 따라 써 보세요. 🎧

has has

B 단어를 완성해 보세요.

▢a▢ ▢▢s

C 단어 **has** 가 3번 나오는 줄을 찾아 보세요.

has	as	has
has	had	has
has	has	have

A 단어를 듣고, 따라 써 보세요. 🎧

no no

B 단어를 완성해 보세요.

n▢ ▢o

C 단어 **no**를 찾아 색칠해 보세요.

no	not	o	no	on
of	no	on	not	up
no	a	in	no	on

has   are   no   you

E 철자를 순서대로 배열하고, 알맞은 뜻과 연결해 보세요.

1.  o n   •   • 너는, 당신은

2. o y u   •   • ~이다, 있다

3. a s h   •   • 가지고 있다

4. e a r   •   • 아니, 하나의 ~도 없는

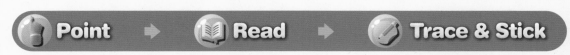
1

you are

You
You are
You are my
You are my mom.

당신은 나의 엄마예요.

You are my ★ .

2

has no

He
He has
He has no
He has no jam.

그는 잼을 하나도 가지고 있지 않아요.

He has no ★ .

Sight Words

A 알맞은 철자를 넣어 단어를 완성하세요.

1. 나의

2.  가지고 있다

3.  그것(은, 을)

4.  너는, 당신은

5. 보다

6.  무엇

7. 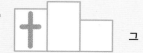 그

8.  ~할 수 있다

B 보기를 보고 단어를 찾아 보세요.

보기
I
are
the
what
am
has
is
my

e	o	p	s	t	j	g	a	v
z	b	i	h	I	w	d	m	n
j	g	s	v	q	y	u	b	k
m	y	u	h	w	h	a	t	r
s	a	d	a	y	o	n	u	t
a	r	e	s	f	t	h	e	c
x	s	m	r	k	f	a	i	w

Sentences

C 문장을 듣고, 알맞은 단어를 넣어 문장을 완성하세요.

1. _____ _____
   _____ _____ a vet.
   나는   ~이다, 있다

2. _____
   _____ is _____ the box?
   무엇   ~ 안에

3. _____ _____
   He _____ _____ jam.
   가지고 있다   하나의 ~도 없는

4. _____ _____
   I _____ _____ an ant.
   ~할 수 있다   보다

D 문장을 읽고, 알맞은 사진과 연결하세요.

1.  •

    • I see a man.

2. •

    • A dog is in the cup.

3. •

    • You are my mom.

4.  •

    • Is it an ant?

**Story**

E 보기 단어들을 찾아 동그라미 해 보세요.

보기

is   it   I   no   see   can   has

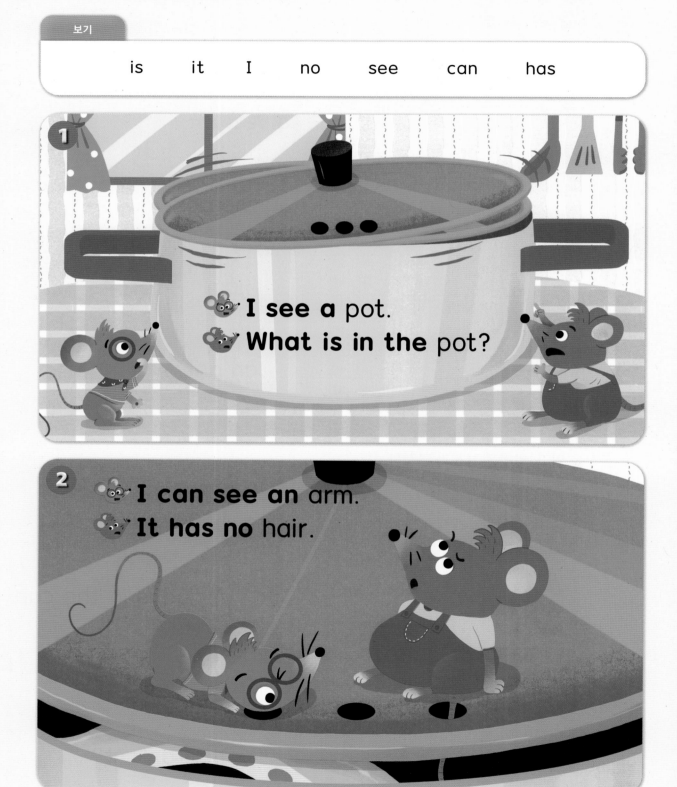

1 **I see a** pot.
   What is in the pot?

2 **I can see an** arm.
   It has no hair.

26

F 단어를 듣고, 큰 소리로 따라 말해 보세요. 🎧

arm 팔   **hair** 머리카락   **baby** 아기   **turtle** 거북

G 스토리를 듣고, 세 번 읽어 보세요. 🎧

3

🐭 **Is it a** baby?
🐭 **Is it a** turtle?

4

🐙 No, no!
I am an Octopus!

DAY 06

at
~에, ~을

look
보다

Ⓐ 단어를 듣고, 따라 써 보세요. 🎧

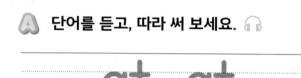

at　at

Ⓐ 단어를 듣고, 따라 써 보세요. 🎧

look　look

Ⓑ 단어를 완성해 보세요.

a□　□t

Ⓑ 단어를 완성해 보세요.

l□o□　□o□

Ⓒ 단어 at을 찾아 동그라미 해 보세요.

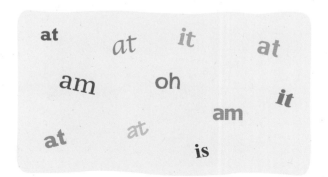

at　　at　　it　　at

am　　　oh

am　　　it

at　　at

is

Ⓒ 같은 것을 찾아 연결해 보세요.

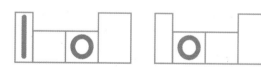

look　•　　　　• hook

look　•　　　　• look

look　•　　　　• look

Look　•　　　　• like

28

jump
뛰다

on
~ 위에(서)

Ⓐ 단어를 듣고, 따라 써 보세요. 🎧

jump jump

Ⓑ 단어를 완성해 보세요.

Ⓒ 단어 **jump**가 3번 나오는 줄을 찾아 보세요.

jump	lamp	jog
jam	Jack	jump
jump	jump	jump

Ⓐ 단어를 듣고, 따라 써 보세요. 🎧

on   on

Ⓑ 단어를 완성해 보세요.

Ⓒ 단어 **on**을 찾아 색칠해 보세요.

on	no	out	on	an
up	on	can	on	no
on	and	on	an	on

D at, look, jump, on 단어를 따라가면서 우주비행사가 우주선에 타도록 길을 그려 보세요.

E 철자를 순서대로 배열하고, 알맞은 뜻과 연결해 보세요.

1. u j p m _____ • • 보다

2. n o _____ • • ~에, ~을

3. t a _____ • • ~ 위에(서)

4. o k o l _____ • • 뛰다

F 손가락을 대고 큰 소리로 읽어 보세요. 그리고 ★ 에 스티커를 붙여서 원하는 문장을 만들어 보세요.

Point → Read → Trace & Stick

1 look at

Look

Look at

Look at the

Look at the pig.

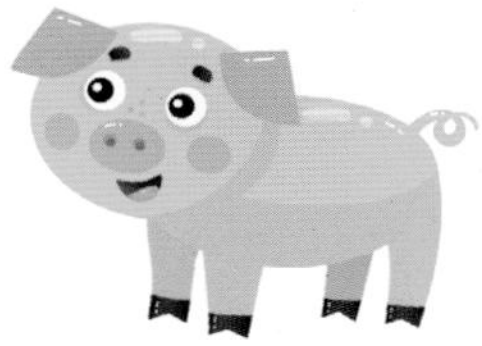

(그) 돼지를 보세요.

Look at the ★.

2 jump on

I jump

I jump on

I jump on the

I jump on the bed.

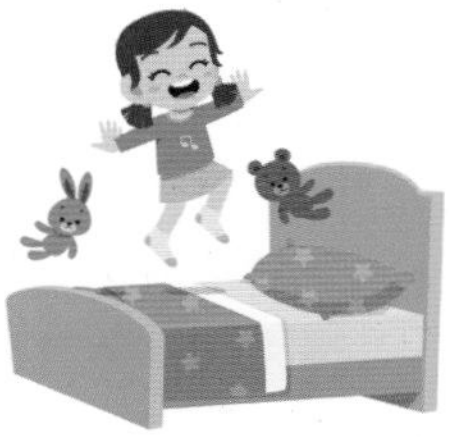

나는 침대 위에서 뛰어요.

I jump on the ★.

DAY 07

to
~하는 것(을)

like
좋아하다

Ⓐ 단어를 듣고, 따라 써 보세요. 🎧

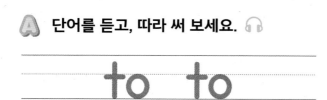

to to

Ⓑ 단어를 완성해 보세요.

 t□   □o

Ⓒ 단어 to를 찾아 동그라미 해 보세요.

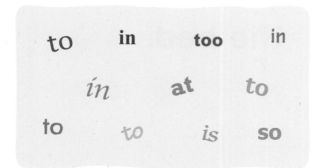

to in too in

in at to

to to is so

Ⓐ 단어를 듣고, 따라 써 보세요. 🎧

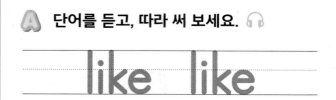

like like

Ⓑ 단어를 완성해 보세요.

□ik□ □□e

Ⓒ 같은 것을 찾아 연결해 보세요.

like •   • like

like •   • Liked

like •   • like

like •   • look

32

with
~와 함께, ~을 가지고

me
나를

A 단어를 듣고, 따라 써 보세요. 🎧

with   with

B 단어를 완성해 보세요.

| w | | h | | i | |

C 단어 with 가 3번 나오는 줄을 찾아 보세요.

will	with	with
win	with	with
with	mith	wit

A 단어를 듣고, 따라 써 보세요. 🎧

me   me

B 단어를 완성해 보세요.

| m | | | e |

C 단어 me를 찾아 색칠해 보세요.

an	me	me	my	am
my	me	in	me	we
un	not	on	no	me

D to, like, with, me 단어를 찾아 각각 몇 개인지 세어 보세요.

| me _____ | with _____ | like _____ | to _____ |

E 철자를 순서대로 배열하고, 알맞은 뜻과 연결해 보세요.

1. e i k l _____ •   • 나를

2. o t _____ •   • ~하는 것(을)

3. h w t i _____ •   • 좋아하다

4. e m _____ •   • ~와 함께, ~을 가지고

손가락을 대고 큰 소리로 읽어 보세요. 그리고 ★ 에 스티커를 붙여서 원하는 문장을 만들어 보세요.

Point ➡ Read ➡ Trace & Stick

1 like   to

I
I like
I like to
I like to hop.

나는 한 발로 뛰는 것을 좋아해요.

I like to ★ .

2 with   me

Can you
Can you run
Can you run with
Can you run with me?

나와 함께 달릴 수 있니?

Can you ★ with me?

DAY 08

go
가다

let's
~하자

A 단어를 듣고, 따라 써 보세요. 🎧

go   go

B 단어를 완성해 보세요.

C 단어 **go**를 찾아 동그라미 해 보세요.

go   so   to   get

go   got   go

no   go   of   go

A 단어를 듣고, 따라 써 보세요. 🎧

let's   let's

B 단어를 완성해 보세요.

C 같은 것을 찾아 연결해 보세요.

let's •   • Let's

let's •   • lets

Let's •   • let's

let's •   • let

that 저(것)

who 누구

Ⓐ 단어를 듣고, 따라 써 보세요. 🎧

Ⓑ 단어를 완성해 보세요.

| t | a | | | t |

Ⓒ 단어 **that** 이 3번 나오는 줄을 찾아 보세요.

that	that	that
hat	that	thin
ttat	htat	then

Ⓐ 단어를 듣고, 따라 써 보세요. 🎧

Ⓑ 단어를 완성해 보세요.

| | h | | | o |

Ⓒ 단어 **who** 를 찾아 색칠해 보세요.

wo	why	who	what	who
who	we	hop	who	no
hey	who	no	who	who

D 각 그림에서 go, let's, that, who 단어를 찾아 동그라미 해 보세요.

🔍 두 그림의 다른 부분 7군데를 찾아 보세요.

E 철자를 순서대로 배열하고, 알맞은 뜻과 연결해 보세요.

1. **h o w** _____ • • 가다

2. **h a t t** _____ • • 저(것)

3. **o g** _____ • • ~하자

4. **s e t' l** _____ • • 누구

손가락을 대고 큰 소리로 읽어 보세요. 그리고 [★]에 스티커를 붙여서 원하는 문장을 만들어 보세요.

🌐 Point ➡ 📖 Read ➡ ✏ Trace & Stick

1

let's　　go

Let's
Let's go
Let's go **to**
Let's go **to the hill.**

언덕으로 가자!

Let's go to the [★] .

2

who　　that

Who
Who **is**
Who **is** that
Who **is** that **man?**

저 남자는 누구인가요?

Who is that [★] ?

DAY 09 — we / play

we (우리는)

A 단어를 듣고, 따라 써 보세요. 🎧

B 단어를 완성해 보세요.

| w | | | e |

C 단어 we를 찾아 동그라미 해 보세요.

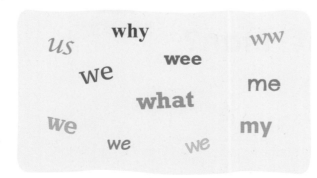

why us wee we what ww me we we we my

play (놀다)

A 단어를 듣고, 따라 써 보세요. 🎧

play play

B 단어를 완성해 보세요.

la ‑ y

C 같은 것을 찾아 연결해 보세요.

play •   • play
play •   • play
play •   • clay
play •   • fly

come
오다

and
그리고

Ⓐ 단어를 듣고, 따라 써 보세요. 🎧

come come

Ⓑ 단어를 완성해 보세요.

| c | | m | | | o | | |

Ⓒ 단어 come이 3번 나오는 줄을 찾아 보세요.

come	come	come
came	com	come
cone	come	cown

Ⓐ 단어를 듣고, 따라 써 보세요. 🎧

and and

Ⓑ 단어를 완성해 보세요.

Ⓒ 단어 and를 찾아 색칠해 보세요.

a	and	an	and	end
ad	and	and	end	and
and	un	and	an	on

D 선을 따라 가서, 단어를 다시 써 보세요.

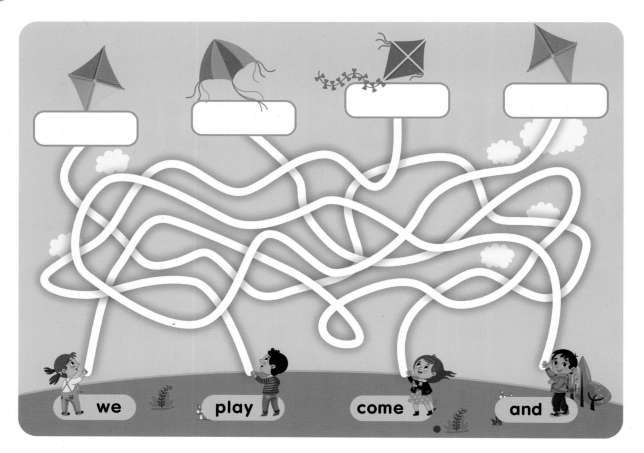

| we | play | come | and |

E 철자를 순서대로 배열하고, 알맞은 뜻과 연결해 보세요.

1. e w _____ • • 놀다

2. n d a _____ • • 그리고

3. m o c e _____ • • 우리는

4. y p l a _____ • • 오다

Point → **Read** → **Trace & Stick**

1

we   play

We
We can
We can play
We can play tag.

우리는 술래잡기 **놀이를 할** 수 있어.

⭐ can play tag.

2

come   and

Come
Come and
Come and nap
Come and nap with me.

와서 나랑 낮잠 자렴.

Come and ⭐ with me.

🔍 Sight Words

Ⓐ 알맞은 철자를 넣어 단어를 완성하세요.

1.  ~ 위에(서)

2.  놀다

3.  저(것)

4.  ~하는 것(을)

5. 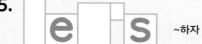 ~하자

6.  ~와 함께, ~을 가지고

7.  ~와, 그리고

8.  뛰다

Ⓑ 보기를 보고 단어를 찾아 보세요.

보기
who
look
we
like
come
me
at
go

a	c	t	i	v	w	h	a	m
w	o	n	k	n	l	i	t	y
n	m	z	w	h	o	c	e	u
l	e	t	f	m	o	p	g	o
i	g	v	l	i	k	e	y	f
k	w	e	j	d	p	m	e	o
p	m	i	t	g	l	a	z	r

Sentences

C 문장을 듣고, 알맞은 단어를 넣어 문장을 완성하세요. 🎧

1. I _____ _____ hop.
   좋아하다   ~하는 것(을)

2. _____ _____ the pig.
   보다   ~에, ~을

3. _____ is _____ man?
   누구   저(것)

4. _____ _____ to the hill.
   ~하자   가다

D 문장을 읽고, 알맞은 사진과 연결하세요.

1.   •   • I like to play tag.

2.   •   • Can you hop with me?

3.   •   • We can jump on the bed.

4.   •   • Come and nap with me.

E 보기 단어들을 찾아 동그라미 해 보세요.

보기

| we | let's | look | who | play | with | and |

1 **Look at that!**
Who is it?

2 I see an alien.
It has a hat.

alien 외계인   **hat** 모자   **dance** 춤추다   **cloud** 구름

🇬 스토리를 듣고, 세 번 읽어 보세요. 🎧

Come and play with me.
I like to dance.

We can dance **on** the clouds.
Let's go!

DAY 11

our
우리의

here
여기(에)

Ⓐ 단어를 듣고, 따라 써 보세요. 🎧

our our

Ⓑ 단어를 완성해 보세요.

o ☐ ☐ ☐ u ☐

Ⓒ 단어 our를 찾아 동그라미 해 보세요.

our   in   our   us

our   **your**   our

put   you   is   ou

Ⓐ 단어를 듣고, 따라 써 보세요. 🎧

here here

Ⓑ 단어를 완성해 보세요.

h ☐ r ☐   ☐ ☐ e

Ⓒ 같은 것을 찾아 연결해 보세요.

here •   • Her

here •   • here

here •   • **here**

here •   • there

where
어디에

your
너의, 당신의

A 단어를 듣고, 따라 써 보세요. 🎧

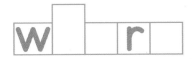

where where

A 단어를 듣고, 따라 써 보세요. 🎧

your your

B 단어를 완성해 보세요.

| w | | r | |

B 단어를 완성해 보세요.

| | o u | | | | r |

C 단어 where가 3번 나오는 줄을 찾아 보세요.

where	here	were
where	where	when
wher	why	where

C 단어 your를 찾아 색칠해 보세요.

our	your	you	your	us
you	yes	your	my	your
your	your	our	your	you

D our, here, where, your 단어를 따라가면서 소녀가 집에 도착하도록 길을 그려 보세요.

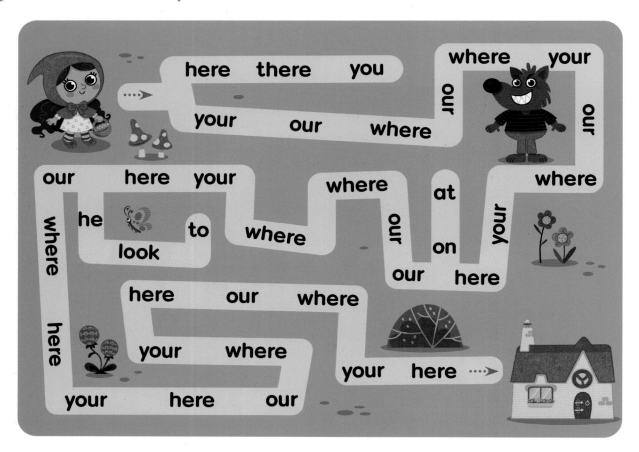

E 철자를 순서대로 배열하고, 알맞은 뜻과 연결해 보세요.

1. u r o _____ • • 어디에

2. e h r e _____ • • 너의, 당신의

3. u o y r _____ • • 우리의

4. e w r e h _____ • • 여기(에)

Point ➡ Read ➡ Trace & Stick

1

here   our

Here
Here are
Here are our
Here are our caps.

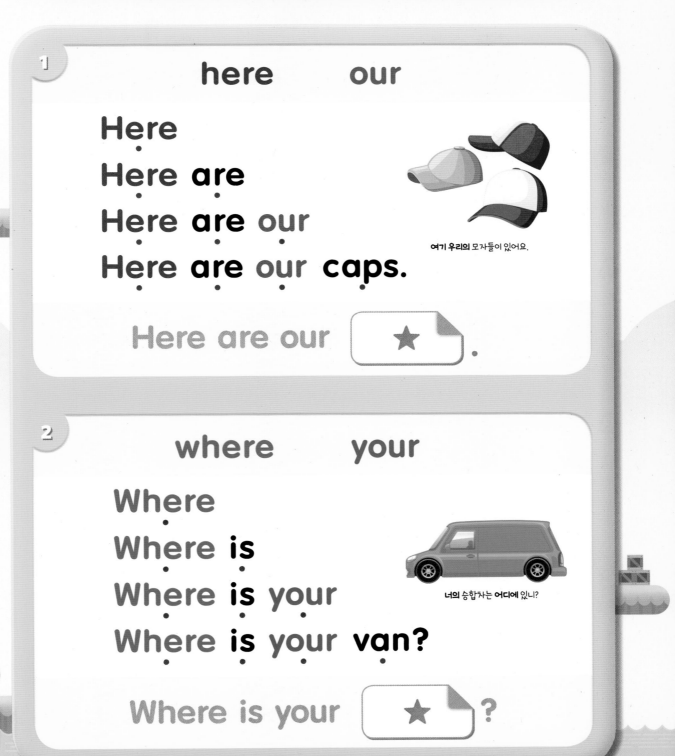

여기 우리의 모자들이 있어요.

Here are our ⭐ .

2

where   your

Where
Where is
Where is your
Where is your van?

너의 승합차는 어디에 있니?

Where is your ⭐ ?

so
매우, 정말

she
그녀는

Ⓐ 단어를 듣고, 따라 써 보세요. 🎧

so   so

Ⓐ 단어를 듣고, 따라 써 보세요. 🎧

she   she

Ⓑ 단어를 완성해 보세요.

| s | | | | o |

Ⓑ 단어를 완성해 보세요.

h   e

Ⓒ 단어 so를 찾아 동그라미 해 보세요.

too   so   you   to
so   of   so
she   so   SO   get

Ⓒ 같은 것을 찾아 연결해 보세요.

she •   • he

she •   • the

She •   • She

she •   • she

little
작은

get
얻다

A 단어를 듣고, 따라 써 보세요. 🎧

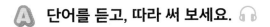

little little

B 단어를 완성해 보세요.

C 단어 little이 3번 나오는 줄을 찾아 보세요.

litte	littlle	little
little	little	litile
little	little	ittle

A 단어를 듣고, 따라 써 보세요. 🎧

get get

B 단어를 완성해 보세요.

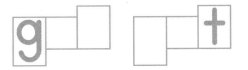

C 단어 get을 찾아 색칠해 보세요.

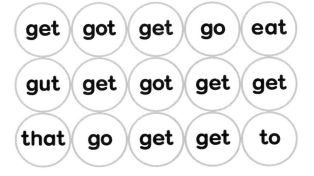

get	got	get	go	eat
gut	get	got	get	get
that	go	get	get	to

D so, she, little, get 단어를 찾아 각각 몇 개인지 세어 보세요.

so _____   she _____   little _____   get _____

E 철자를 순서대로 배열하고, 알맞은 뜻과 연결해 보세요.

1. h s e   _____   • • 그녀는

2. o s   _____   • • 얻다

3. t g e   _____   • • 작은

4. t i l e t l   _____   • • 매우, 정말

F 손가락을 대고 큰 소리로 읽어 보세요. 그리고 ★ 에 스티커를 붙여서 원하는 문장을 만들어 보세요.

Point → Read → Trace & Stick

1

she so

She

She is

She is so

She is so sad.

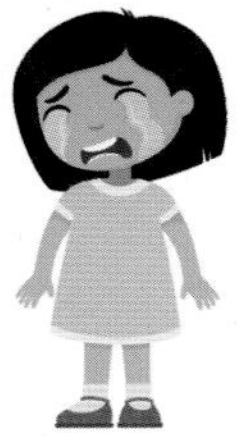

그녀는 매우 슬퍼요.

She is so ★ .

2

get little

Can I

Can I get

Can I get a little

Can I get a little pot?

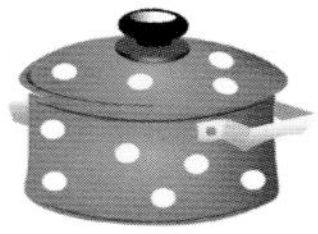

내가 작은 냄비를 얻을 수 있나요?

Can I get a little ★ ?

DAY 13

he
그는

have
가지고 있다

Ⓐ 단어를 듣고, 따라 써 보세요. 🎧

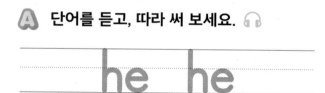

Ⓑ 단어를 완성해 보세요.

Ⓒ 단어 he를 찾아 동그라미 해 보세요.

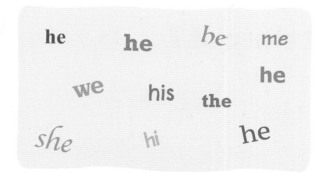

he   he   be   me

we   his   the   he

she   hi   he

Ⓐ 단어를 듣고, 따라 써 보세요. 🎧

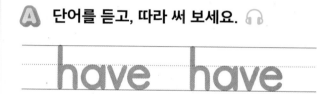

Ⓑ 단어를 완성해 보세요.

Ⓒ 같은 것을 찾아 연결해 보세요.

have •   • has

have •   • had

have •   • **have**

have •   • have

some
약간(좀), 몇몇의

too
~도, 또한

A 단어를 듣고, 따라 써 보세요. 🎧

some　some

A 단어를 듣고, 따라 써 보세요. 🎧

too　too

B 단어를 완성해 보세요.

s		m			o	

B 단어를 완성해 보세요.

t					o

C 단어 some이 3번 나오는 줄을 찾아 보세요.

some	some	home
some	so	som
some	same	some

C 단어 too를 찾아 색칠해 보세요.

to	too	to	too	so
too	on	too	two	at
too	of	too	go	to

D 각 그림에서 **he, have, some, too** 단어를 찾아 동그라미 해 보세요.

🔍 두 그림의 다른 부분 7군데를 찾아 보세요.

E 철자를 순서대로 배열하고, 알맞은 뜻과 연결해 보세요.

1. **e h** _____ • • 가지고 있다

2. **m s o e** _____ • • 약간(좀), 몇몇의

3. **o t o** _____ • • ~도, 또한

4. **v e a h** _____ • • 그는

Point ➡ Read ➡ Trace & Stick

1

have some

I
I have
I have some
I have some ham.

나는 햄을 좀 가지고 있어요.

I have some ★ .

2

he too

He
He likes
He likes the nuts
He likes the nuts too.

그는 견과류도 좋아해요.

He likes the ★ too.

DAY 14

find
찾다

there
거기에

Ⓐ 단어를 듣고, 따라 써 보세요. 🎧

find find

Ⓑ 단어를 완성해 보세요.

| | in | | | | | d |

Ⓒ 단어 find를 찾아 동그라미 해 보세요.

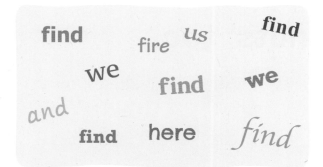

find   fire   us   find
we   find   we
and   find   here   find

Ⓐ 단어를 듣고, 따라 써 보세요. 🎧

there there

Ⓑ 단어를 완성해 보세요.

| t | | e | | |

Ⓒ 같은 것을 찾아 연결해 보세요.

There •   • here

there •   • there

there •   • there

there •   • then

please
제발, ~해주세요

over
~ 위로, ~을 넘어

MP3 / 동영상

Ⓐ 단어를 듣고, 따라 써 보세요. 🎧

please please

Ⓐ 단어를 듣고, 따라 써 보세요. 🎧

over over

Ⓑ 단어를 완성해 보세요.

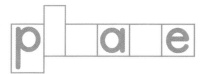

p | l | | a | | e

Ⓑ 단어를 완성해 보세요.

 | v | e | | | | r

Ⓒ 단어 please가 3번 나오는 줄을 찾아 보세요.

please	pleese	plane
please	please	please
plane	peease	pease

Ⓒ 단어 over를 찾아 색칠해 보세요.

over	over	own	one	over
out	our	over	even	over
over	on	over	of	over

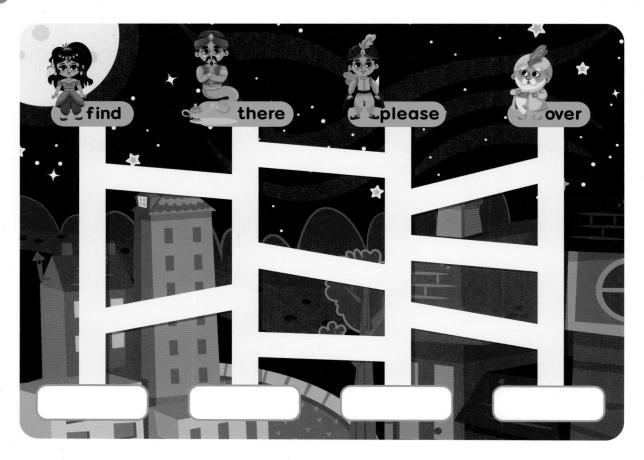

ⓔ 철자를 순서대로 배열하고, 알맞은 뜻과 연결해 보세요.

1. e r o v

      •   • 제발,
             ~해주세요

2. n f d i

      •   • 거기에

3. r h e t e

      •   • ~ 위로,
             ~을 넘어

4. s p a l e e

      •   • 찾다

F 손가락을 대고 큰 소리로 읽어 보세요. 그리고 ★ 에 스티커를 붙여서 원하는 문장을 만들어 보세요.

Point → Read → Trace & Stick

1

please find

Please
Please find
Please find my
Please find my socks.

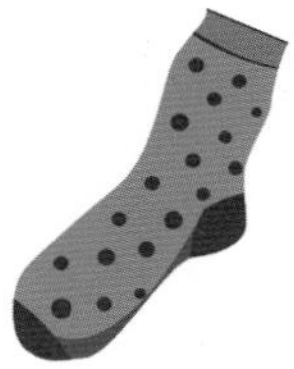

내 양말을 **찾아 주세요.**

Please find my ★ .

2

over there

My bus
My bus is
My bus is over
My bus is over there.

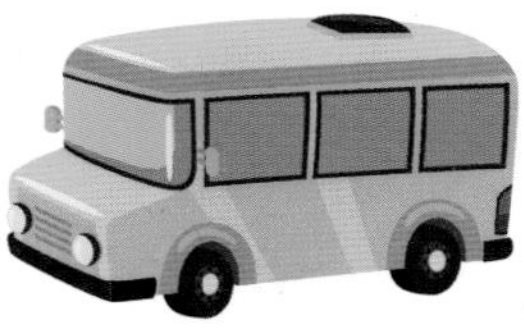

내 버스는 **저기에** 있어요.

My ★ is over there.

🔍 **Sight Words**

Ⓐ 알맞은 철자를 넣어 단어를 완성하세요.

1. ⬜ o 　매우, 정말

2. ⬜ e 　그는

3. ⬜ h ⬜ r ⬜ 　거기에

4. ⬜ l ⬜ s ⬜ 　제발, ~해주세요

5. y ⬜ ⬜ ⬜ 　너의

6. ⬜ ⬜ m ⬜ 　약간(좀), 몇몇의

7. ⬜ h ⬜ 　그녀는

8. ⬜ ⬜ r ⬜ 　여기(에)

Ⓑ 보기를 보고 단어를 찾아 보세요.

보기
our
where
little
get
have
too
find
over

e	h	u	o	v	e	r	p	o
v	a	n	f	r	w	g	o	u
g	v	w	h	e	r	e	y	r
a	e	f	v	n	b	t	f	p
l	i	t	t	l	e	a	i	c
z	c	d	j	k	l	m	n	y
q	t	o	o	e	t	h	d	t

Sentences

 문장을 듣고, 알맞은 단어를 넣어 문장을 완성하세요. 🎧

1. Can I _____ a _____ pot?
   얻다   작은

2. _____ is _____ van?
   어디에   너의

3. My bus is _____ _____ .
   ~을 넘어   거기에

4. I _____ _____ ham.
   가지고 있다   약간(좀), 몇몇의

D 문장을 읽고, 알맞은 사진과 연결하세요.

1. •   • He is so happy.

2. •   • Please find my socks.

3. •   • She likes the pups too.

4. •   • Here are our beds.

E 보기 단어들을 찾아 동그라미 해 보세요.

보기

here please where find some too your

Where is my ham?
Please find my ham.

Oh, **here** is a spot.
Here are **some** footprints **too**.

ham 햄   **spot** 얼룩   **footprint** 발자국   **carrot** 당근

G 스토리를 듣고, 세 번 읽어 보세요. 🎧

③ **Your** ham is **over there**.
Come with me.

④ Can I **get** a small carrot, **please**?

DAY 16

will
~할 것이다

make
만들다

Ⓐ 단어를 듣고, 따라 써 보세요. 🎧

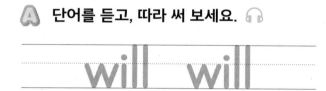

will will

Ⓑ 단어를 완성해 보세요.

_ill   _i_l

Ⓒ 단어 will을 찾아 동그라미 해 보세요.

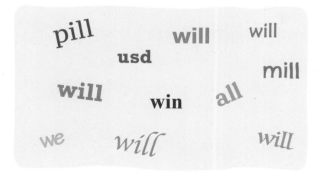

pill   will   will
    usd
will   win   all   mill
we   will   will

Ⓐ 단어를 듣고, 따라 써 보세요. 🎧

make make

Ⓑ 단어를 완성해 보세요.

m_k   __e

Ⓒ 같은 것을 찾아 연결해 보세요.

make •   • male

make •   • make

make •   • make

make •   • made

68

want
원하다

blue
파란색(의)

A 단어를 듣고, 따라 써 보세요. 🎧

want want

A 단어를 듣고, 따라 써 보세요. 🎧

blue blue

B 단어를 완성해 보세요.

w [ ] n [ ]   [ ] a [ ]

B 단어를 완성해 보세요.

[ ] l [ ] e   [ ] l [ ] u

C 단어 **want**가 3번 나오는 줄을 찾아 보세요.

want	want	want
went	whet	want
want	wont	vant

C 단어 **blue**를 찾아 색칠해 보세요.

blu	bull	blue	blue	glue
blue	pull	blue	blu	blue
blue	clue	bleu	bew	blue

D will, make, want, blue 단어를 따라가면서 소녀가 집에 도착하도록 길을 그려 보세요.

E 철자를 순서대로 배열하고, 알맞은 뜻과 연결해 보세요.

1. t a w n _____ • • 만들다

2. l w l i _____ • • 원하다

3. k a m e _____ • • ~할 것이다

4. e b u l _____ • • 파란색(의)

손가락을 대고 큰 소리로 읽어 보세요. 그리고  에 스티커를 붙여서 원하는 문장을 만들어 보세요.

Point ➡ Read ➡ Trace & Stick

1

will   make

He
He will
He will make
He will make **a nest.**

그는 둥지를 만들 거예요.

He will make a ★ .

2

want   blue

I
I want
I want **a blue**
I want **a blue bin.**

나는 **파란색** 쓰레기통을 **원해요.**

I want a blue ★ .

DAY 17

for
~을 위한

this
이(것, 사람)

Ⓐ 단어를 듣고, 따라 써 보세요. 🎧

for for

Ⓑ 단어를 완성해 보세요.

☐ o ☐   f ☐ ☐

Ⓒ 단어 for를 찾아 동그라미 해 보세요.

four for for ot
  of far for
for our for of

Ⓐ 단어를 듣고, 따라 써 보세요. 🎧

this this

Ⓑ 단어를 완성해 보세요.

☐ h i ☐   ☐ ☐ s

Ⓒ 같은 것을 찾아 연결해 보세요.

This •   • this

this •   • thie

this •   • this

this •   • The

don't
~ 않다

they
그들은

Ⓐ 단어를 듣고, 따라 써 보세요. 🎧

don't don't

Ⓑ 단어를 완성해 보세요.

Ⓒ 단어 **don't** 가 3번 나오는 줄을 찾아 보세요.

don't	dont	isn't
donot	don't	won't
den't	didn't	don't

Ⓐ 단어를 듣고, 따라 써 보세요. 🎧

they they

Ⓑ 단어를 완성해 보세요.

Ⓒ 단어 **they**를 찾아 색칠해 보세요.

they	the	they	they	thy
hey	they	htey	they	the
thy	they	thay	they	they

D for, this, don't, they 단어를 찾아 각각 몇 개인지 세어 보세요.

for _____ this _____ don't _____ they _____

E 철자를 순서대로 배열하고, 알맞은 뜻과 연결해 보세요.

1. **o r f** _____ • • 이(것, 사람)

2. **e t y h** _____ • • 그들은

3. **o d t n'** _____ • • ~을 위한

4. **i h s t** _____ • • ~ 않다

Point ➡ **Read** ➡ **Trace & Stick**

1

this   for

This **gift**
This **gift is**
This **gift is** for
This **gift is** for **you.**

이 선물은 당신을 **위한** 거예요.

This ★ is for you.

2

they   don't   this

They
They don't
They don't **like**
They don't **like** this **bug.**

그들은 이 벌레를 좋아하지 않아요.

They don't like this ★ .

DAY 18

do
<묶는 문장을 만듦>, 하다

ride
타다

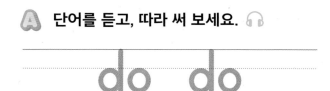

A 단어를 듣고, 따라 써 보세요. 🎧

do do

A 단어를 듣고, 따라 써 보세요. 🎧

ride ride

B 단어를 완성해 보세요.

d[ ] [ ]o

B 단어를 완성해 보세요.

r[ ]e [ ]d

C 단어 **do**를 찾아 동그라미 해 보세요.

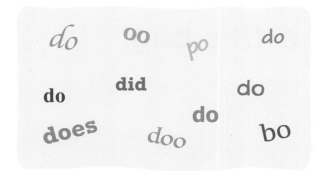

do   oo   po   do

do   did   do

does   doo   do   bo

C 같은 것을 찾아 연결해 보세요.

ride •   • rid

ride •   • ride

ride •   • rice

ride •   • ride

also
또한, 역시

red
빨간색(의)

Ⓐ 단어를 듣고, 따라 써 보세요. 🎧

also   also

Ⓑ 단어를 완성해 보세요.

a□s□   □□o

Ⓒ 단어 also가 3번 나오는 줄을 찾아 보세요.

also	also	any
any	also	elso
and	also	else

Ⓐ 단어를 듣고, 따라 써 보세요. 🎧

red   red

Ⓑ 단어를 완성해 보세요.

□e□   □□d

Ⓒ 단어 red를 찾아 색칠해 보세요.

red	bed	rid	red	red
rod	red	her	read	red
red	rod	be	red	red

D 각 그림에서 do, ride, also, red 단어를 찾아 동그라미 해 보세요.

🔍 두 그림의 다른 부분 7군데를 찾아 보세요.

E 철자를 순서대로 배열하고, 알맞은 뜻과 연결해 보세요.

1.  o d   _____   •   • 타다

2. l a s o   _____   •   • 빨간색(의)

3. r d e   _____   •   • 또한, 역시

4. d e r i   _____   •   • <묻는 문장을 만듦>, 하다

손가락을 대고 큰 소리로 읽어 보세요. 그리고 ⭐ 에 스티커를 붙여서 원하는 문장을 만들어 보세요.

Point ➡ Read ➡ Trace & Stick

1

also   ride

I
I also
I also ride
I also ride a car.

나는 **또한** 자동차를 **타요.**

I also ride a ⭐ .

2

do   red

Do you
Do you want
Do you want a red
Do you want a red mug?

너는 **빨간색** 머그잔을 원**하니?**

Do you want a red ⭐ ?

DAY 19

ate
먹었다

five
5, 다섯(의)

Ⓐ 단어를 듣고, 따라 써 보세요. 🎧

ate ate

Ⓑ 단어를 완성해 보세요.

a ☐ ☐ t

Ⓒ 단어 ate 을 찾아 동그라미 해 보세요.

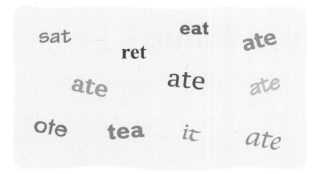

sat   eat   ate
    ret   ate
ate   ate   ate
ote   tea   it   ate

Ⓐ 단어를 듣고, 따라 써 보세요. 🎧

five five

Ⓑ 단어를 완성해 보세요.

fi ☐ ☐ e

Ⓒ 같은 것을 찾아 연결해 보세요.

five •   • five

five •   • hive

five •   • five

five •   • fibe

one

1, 하나(의)

big

큰

Ⓐ 단어를 듣고, 따라 써 보세요.

one   one

Ⓐ 단어를 듣고, 따라 써 보세요.

big   big

Ⓑ 단어를 완성해 보세요.

| o | | | | | | e |

Ⓑ 단어를 완성해 보세요.

b [ ] [ ] g

Ⓒ 단어 **one**이 3번 나오는 줄을 찾아 보세요.

one	eno	on
one	one	one
bone	oen	ane

Ⓒ 단어 **big**을 찾아 색칠해 보세요.

dig	big	big	beg	bug
bog	big	big	big	bun
big	be	big	bee	big

D 선을 따라 가서, 단어를 다시 써 보세요.

E 철자를 순서대로 배열하고, 알맞은 뜻과 연결해 보세요.

1. g b i .... • 　　　　　• 1, 하나(의)

2. e i f v .... • 　　　　　• 먹었다

3. n o e .... • 　　　　　• 큰

4. a e t .... • 　　　　　• 5, 다섯(의)

손가락을 대고 큰 소리로 읽어 보세요. 그리고 [★] 에 스티커를 붙여서 원하는 문장을 만들어 보세요.

Point ➡ **Read** ➡ **Trace & Stick**

1

ate   five

I
I ate
I ate five
I ate five buns.

나는 **다섯** 개의 빵을 **먹었어요.**

I ate five [★] .

2

one   big

He
He has
He has one
He has one big map.

그는 **큰** 지도 **하나**를 가지고 있어요.

He has one big [★] .

🔍 Sight Words

Ⓐ 알맞은 철자를 넣어 단어를 완성하세요.

1.  만들다

2.  ~할 것이다

3.  ~을 위해

4.  또한, 역시

5.  타다

6.  1, 하나(의)

7.  ~ 않다

8.  큰

Ⓑ 보기를 보고 단어를 찾아 보세요.

보기
five
blue
this
do
they
red
ate
want

b	u	e	a	t	r	e	d	i
w	a	n	t	h	a	y	o	t
d	u	m	e	o	u	f	e	v
n	t	h	e	a	m	i	s	h
c	h	i	k	n	f	v	b	y
w	e	o	b	l	u	e	d	t
r	y	d	c	s	t	h	i	s

Sentences

C 문장을 듣고, 알맞은 단어를 넣어 문장을 완성하세요. 🎧

1. I _____ _____ buns.
   먹었다   5, 다섯(의)

2. _____ _____ like this bug.
   그들은   ~ 않다

3. I _____ a _____ bin.
   원한다   파란색(의)

4. _____ you want a _____ mug?
   <묻는 문장을 만듦>, 하다   빨간색(의)

D 문장을 읽고, 알맞은 사진과 연결하세요.

1.  •

   • We will make a box.

2.  •

   • I also ride a bus.

3.  •

   • She has one big cat.

4.  •

   • This pan is for you.

Story

E 보기 단어들을 찾아 동그라미 해 보세요.

보기

| for | want | make | will | don't | also | do |

1 We **will make** houses.
Here are your things.

2 I **don't** like pink.
Do you **want** a pink chair?

86

단어를 듣고, 큰 소리로 따라 말해 보세요. 🎧

house 집 **pink** 분홍색 **chair** 의자 **table** 식탁

G 스토리를 듣고, 세 번 읽어 보세요. 🎧

③ I **don't** like **blue**.
Do you **want** a **blue** table?

④ Oh! Pink is **also for** boys.
Blue is **also for** girls.

DAY 21

her
그녀를(에게), 그녀의

help
도와주다

Ⓐ 단어를 듣고, 따라 써 보세요. 🎧

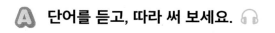

her her

Ⓑ 단어를 완성해 보세요.

e · · r

Ⓒ 단어 her를 찾아 동그라미 해 보세요.

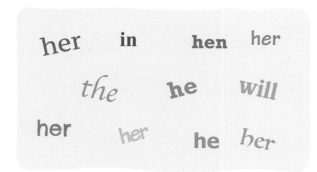

her   in   hen   her
the   he   will
her   her   he   her

Ⓐ 단어를 듣고, 따라 써 보세요. 🎧

help help

Ⓑ 단어를 완성해 보세요.

h · l · · p

Ⓒ 같은 것을 찾아 연결해 보세요.

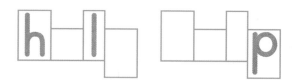

help ·   · help

help ·   · help

Help ·   · held

help ·   · hope

stop
멈추다

said
말했다

Ⓐ 단어를 듣고, 따라 써 보세요. 🎧

stop stop

Ⓑ 단어를 완성해 보세요.

s□o□   □t□

Ⓒ 단어 stop이 3번 나오는 줄을 찾아 보세요.

stop	step	stop
top	stop	stpp
stoop	too	stop

Ⓐ 단어를 듣고, 따라 써 보세요. 🎧

said said

Ⓑ 단어를 완성해 보세요.

□ai□   s□□

Ⓒ 단어 said를 찾아 색칠해 보세요.

say	said	said	said	sad
said	sane	sad	said	siad
did	said	say	said	said

D her, help, stop, said 단어를 따라가면서 소년이 물을 마시도록 길을 그려 보세요.

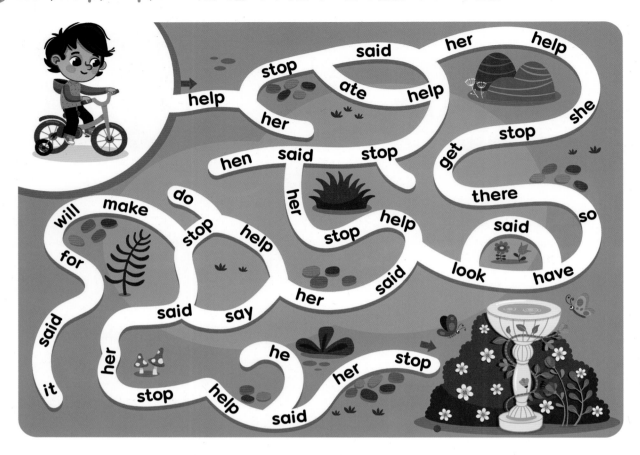

E 철자를 순서대로 배열하고, 알맞은 뜻과 연결해 보세요.

1. e h r _____ • • 도와주다

2. p t s o _____ • • 그녀를(에게), 그녀의

3. i d a s _____ • • 말했다

4. e l h p _____ • • 멈추다

Point ➡ Read ➡ Trace & Stick

1

help   her

Don't
Don't help
Don't help her.

그녀를 도와주지 말아요.

Don't ⭐ her.

2

stop   said

"Stop!"
"Stop!" she
"Stop!" she said.

"멈춰요!"라고 그녀가 말했어요.

"Stop!" ⭐ said.

DAY 22

his
그의, 그의 것

new
새로운

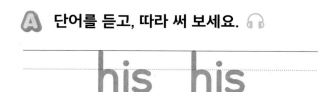

Ⓐ 단어를 듣고, 따라 써 보세요. 🎧

his his

Ⓐ 단어를 듣고, 따라 써 보세요. 🎧

new new

Ⓑ 단어를 완성해 보세요.

h[ ] [ ]i

Ⓑ 단어를 완성해 보세요.

[ ]e[ ] [ ][ ]w

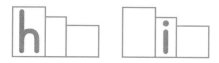

Ⓒ 단어 his를 찾아 동그라미 해 보세요.

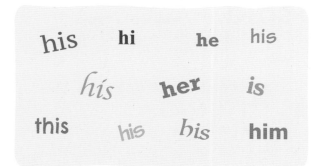

his hi he his
his her is
this his bis him

Ⓒ 같은 것을 찾아 연결해 보세요.

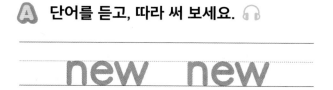

new •   • now

new •   • new

new •   • net

new •   • new

did

<묻는 문장을 만듦>, 했다

ask

묻다, 요청하다

Ⓐ 단어를 듣고, 따라 써 보세요. 🎧

did did

Ⓐ 단어를 듣고, 따라 써 보세요. 🎧

ask ask

Ⓑ 단어를 완성해 보세요.

d☐ ☐i

Ⓑ 단어를 완성해 보세요.

a☐ ☐k

Ⓒ 단어 **did**가 3번 나오는 줄을 찾아 보세요.

did	bid	did
bib	die	did
dip	did	did

Ⓒ 단어 **ask**를 찾아 색칠해 보세요.

ask	oak	ask	ask	as
sky	ask	as	ask	ask
are	ask	ask	say	sos

D his, new, did, ask 단어를 찾아 각각 몇 개인지 세어 보세요.

his _____   new _____   did _____   ask _____

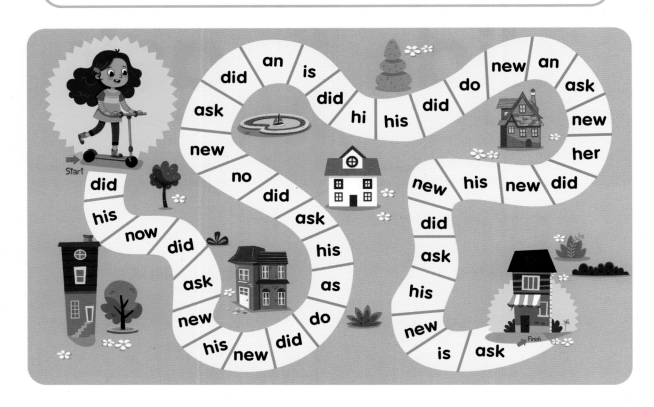

E 철자를 순서대로 배열하고, 알맞은 뜻과 연결해 보세요.

1. d d i _____   •   •   그의, 그의 것

2. e n w _____   •   •   묻다, 요청하다

3. i s h _____   •   •   새로운

4. k a s _____   •   •   <묻는 문장을 만듦>,
                                               했다

94

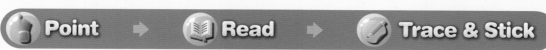

Point ➡ **Read** ➡ **Trace & Stick**

1

his   new

I
I like
I like his
I like his new **bike.**

나는 **그의 새** 자전거가 좋아요.

I like his new ⭐ .

2

did   ask

Did
Did **you**
Did **you ask**
Did **you ask your mom?**

너는 엄마한테 **물어보았니?**

Did you ⭐ your mom?

DAY 23

not
~ 아니다, ~ 않다

open
열다

Ⓐ 단어를 듣고, 따라 써 보세요. 🎧

not not

Ⓑ 단어를 완성해 보세요.

n ☐ ☐   ☐ o ☐

Ⓒ 단어 **not** 을 찾아 동그라미 해 보세요.

no   do   hot   nut
  not   not   net
not   now   do   not

Ⓐ 단어를 듣고, 따라 써 보세요. 🎧

open open

Ⓑ 단어를 완성해 보세요.

o ☐ n ☐ ☐ e ☐

Ⓒ 같은 것을 찾아 연결해 보세요.

open •   • pen

open •   • open

open •   • **open**

open •   • oven

black
검은색(의)

into
~ 안으로

A 단어를 듣고, 따라 써 보세요. 🎧

black black

B 단어를 완성해 보세요.

C 단어 black이 3번 나오는 줄을 찾아 보세요.

black	back	black
block	black	brack
dlack	blak	black

A 단어를 듣고, 따라 써 보세요. 🎧

into into

B 단어를 완성해 보세요.

C 단어 into를 찾아 색칠해 보세요.

in	into	to	up	into
into	pink	into	ant	ink
too	into	inn	into	into

D 각 그림에서 not, open, black, into 단어를 찾아 동그라미 해 보세요.

🔍 두 그림의 다른 부분 7군데를 찾아 보세요.

E 철자를 순서대로 배열하고, 알맞은 뜻과 연결해 보세요.

1. o n t

          •   • 검은색(의)

2. t n i o

          •   • 열다

3. n o e p

          •   • ~ 안으로

4. k l c b a

          •   • ~ 아니다, ~ 않다

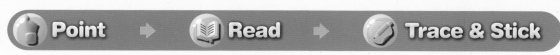

1

not   open

Do not
Do not open
Do not open **the**
Do not open **the gate.**

문을 **열지 마세요.**

Do not open the ⭐.

2

into   black

We
We go
We go into **the**
We go into **the** black **cave.**

우리는 **검은** 동굴 **안으로** 가요.

We go into the black ⭐.

DAY 24

out
밖으로

came
왔다

Ⓐ 단어를 듣고, 따라 써 보세요. 🎧

out out

Ⓑ 단어를 완성해 보세요.

o ☐ ☐ u ☐

Ⓒ 단어 **out** 을 찾아 동그라미 해 보세요.

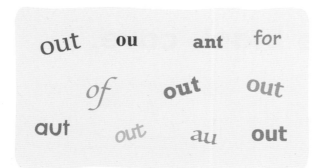

out   ou   ant   for

of   out   out

aut   out   au   out

Ⓐ 단어를 듣고, 따라 써 보세요. 🎧

came came

Ⓑ 단어를 완성해 보세요.

☐ a ☐ e ☐ ☐ m ☐

Ⓒ 같은 것을 찾아 연결해 보세요.

came •   • came

came •   • cane

came •   • come

came •   • came

100

yellow
노란색(의)

was
~이었다, 있었다

A 단어를 듣고, 따라 써 보세요. 🎧

yellow yellow

B 단어를 완성해 보세요.

C 단어 yellow가 3번 나오는 줄을 찾아 보세요.

yolow	yellow	yellow
yellow	yellow	yllow
yellw	yellow	yelow

A 단어를 듣고, 따라 써 보세요. 🎧

was was

B 단어를 완성해 보세요.

C 단어 was를 찾아 색칠해 보세요.

was	wos	was	as	wall
wow	was	vas	was	wes
want	was	was	wass	ass

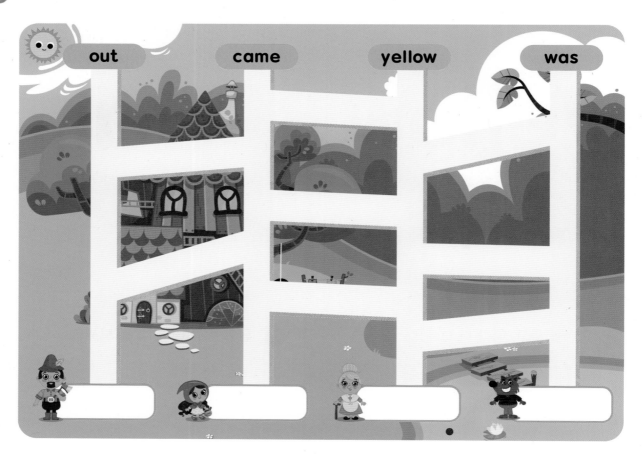

D 사다리를 타며 선을 긋고, 단어를 다시 써 보세요.

out   came   yellow   was

E 철자를 순서대로 배열하고, 알맞은 뜻과 연결해 보세요.

1. u t o
_____
_____   •   • ~이었다, 있었다

2. s w a
_____
_____   •   • 노란색(의)

3. a c e m
_____
_____   •   • 밖으로

4. o l w y e l
_____
_____   •   • 왔다

손가락을 대고 큰 소리로 읽어 보세요. 그리고 [★]에 스티커를 붙여서 원하는 문장을 만들어 보세요.

Point ➡ Read ➡ Trace & Stick

1

came   out

The
The dog
The dog came
The dog came out.

개가 **나왔어요.**

The [★] came out.

2

was   yellow

The
The hive
The hive was
The hive was yellow.

벌집은 **노란색이었어요.**

The [★] was yellow.

Sight Words

A 알맞은 철자를 넣어 단어를 완성하세요.

1. □ a □   ~이었다, 있었다

2. □ □ i □   말했다

3. i □ □   ~ 안으로

4. □ e □   새로운

5. □ l □ k   검은색(의)

6. h □   그의, 그의 것

7. □ □ p   멈추다

8. y □ □ o □   노란색(의)

B 보기를 보고 단어를 찾아 보세요.

보기
her
did
ask
help
not
open
out
came

n	o	p	i	n	o	t	u	k
s	s	h	e	r	e	p	n	d	o
h	e	n	u	a	e	d	i	b
d	l	y	c	t	n	w	d	a
f	p	e	a	s	k	l	n	o
z	r	u	m	i	o	p	v	u
x	f	w	e	g	h	t	y	t

📝 Sentences

C 문장을 듣고, 알맞은 단어를 넣어 문장을 완성하세요. 🎧

1. Don't _____ _____ .
   　　　　도와주다　　　　그녀를

2. Do _____ _____ the gate.
   　　~ 아니다, ~ 않다　　　열다

3. The dog _____ _____ .
   　　　　　왔다　　　　　밖으로

4. _____ you _____ your mom?
   <묻는 문장을 만듦>, 했다　　묻다, 요청하다

D 문장을 읽고, 알맞은 사진과 연결하세요.

1.  • • "Stop!" they said.

2.  • • The kite was yellow.

3.  • • I like his new bike.

4.  • • We go into the black cave.

E 보기 단어들을 찾아 동그라미 해 보세요.

보기

| help | her | said | ask | came | stop | did |

1 Cinderella wanted to go to the party.

2 "**Help** me!" she **said**.
Robot Jane **came** and **help**ed **her** clean.

F 단어를 듣고, 큰 소리로 따라 말해 보세요. 🎧

party 파티　　　**robot** 로봇　　　**clean** 청소하다　　　**dress** 옷을 입다, 드레스

G 스토리를 듣고, 세 번 읽어 보세요. 🎧

3 Jane also **help**ed **her** dress.
The dress was pink.

4 "**Stop!**" she **said**.
Cinderella **did not ask** Jane to **help**.

DAY 26

eat
먹다

must
~해야 한다

A 단어를 듣고, 따라 써 보세요. 🎧

eat eat

B 단어를 완성해 보세요.

e ☐ ☐   ☐ ☐ t

C 단어 eat을 찾아 동그라미 해 보세요.

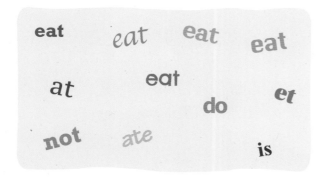

eat *eat* eat eat

at eat et

do

not ate

is

A 단어를 듣고, 따라 써 보세요. 🎧

must must

B 단어를 완성해 보세요.

☐ u t   ☐ ☐ s

C 같은 것을 찾아 연결해 보세요.

must •   • **nust**

must •   • most

Must •   • must

must •   • must

good
좋은, 잘하는

all
모두

Ⓐ 단어를 듣고, 따라 써 보세요. 🎧

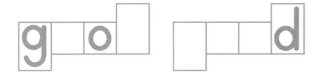

good good

Ⓐ 단어를 듣고, 따라 써 보세요. 🎧

all all

Ⓑ 단어를 완성해 보세요.

g o   d

Ⓑ 단어를 완성해 보세요.

a l   l

Ⓒ 단어 **good**이 3번 나오는 줄을 찾아 보세요.

god	gone	good
good	good	good
goood	goose	goob

Ⓒ 단어 **all**을 찾아 색칠해 보세요.

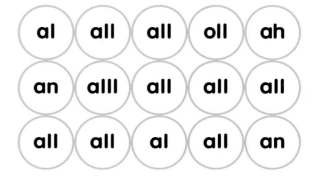

al	all	all	oll	ah
an	alll	all	all	all
all	all	al	all	an

D eat, must, good, all 단어를 따라가면서 원숭이가 배에 타도록 길을 그려 보세요.

E 철자를 순서대로 배열하고, 알맞은 뜻과 연결해 보세요.

1. **a t e** _____ • • 모두

2. **u s m t** _____ • • 먹다

3. **l a l** _____ • • 좋은, 잘하는

4. **o g d o** _____ • • ~해야 한다

Point ➡ Read ➡ Trace & Stick

1

must   eat

You
You must
You must eat
You must eat it.

너는 그것을 **먹어야 해**.

You must ⭐ it.

2

all   good

We
We are all
We are all good
We are all good at diving.

우리는 **모두** 다이빙을 **잘해요**.

We are all good at ⭐.

DAY 27

put
놓다, 두다

first
첫째, 먼저

Ⓐ 단어를 듣고, 따라 써 보세요. 🎧

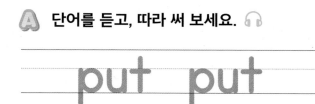

put put

Ⓑ 단어를 완성해 보세요.

◻u◻   ◻◻t

Ⓒ 단어 put을 찾아 동그라미 해 보세요.

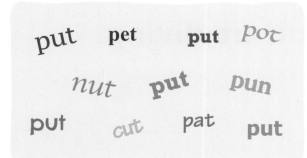

put   pet   put   pot
nut   put   pun
put   cut   pat   put

Ⓐ 단어를 듣고, 따라 써 보세요. 🎧

first first

Ⓑ 단어를 완성해 보세요.

◻◻r◻t

Ⓒ 같은 것을 찾아 연결해 보세요.

first •   • first

first •   • fist

first •   • first

first •   • birst

know
알다

how
어떻게

A 단어를 듣고, 따라 써 보세요. 🎧

know know

B 단어를 완성해 보세요.

C 단어 know가 3번 나오는 줄을 찾아 보세요.

now	know	how
knew	kmow	know
know	know	know

A 단어를 듣고, 따라 써 보세요. 🎧

how how

B 단어를 완성해 보세요.

C 단어 how를 찾아 색칠해 보세요.

how	now	how	how	hew
how	now	how	how	owe
hot	hwo	how	how	how

D put, first, know, how 단어를 찾아 각각 몇 개인지 세어 보세요.

put _____ first _____ know _____ how _____

E 철자를 순서대로 배열하고, 알맞은 뜻과 연결해 보세요.

1. o h w _____ • • 알다

2. u t p _____ • • 놓다, 두다

3. n w k o _____ • • 첫째, 먼저

4. i s f t r _____ • • 어떻게

Point ➡ **Read** ➡ **Trace & Stick**

1

first   put

First,
First, put
First, put **this box**
First, put **this box here.**

먼저 이 상자를 여기에 두세요.

First, put this ⭐ here.

2

know   how

Do you
Do you know
Do you know how
Do you know how to bake?

너는 어떻게 굽는지 아니?

Do you know how to ⭐ ?

DAY 28

use
사용하다

goes
간다

Ⓐ 단어를 듣고, 따라 써 보세요. 🎧

use   use

Ⓑ 단어를 완성해 보세요.

| u | | | | s | |

Ⓒ 단어 use를 찾아 동그라미 해 보세요.

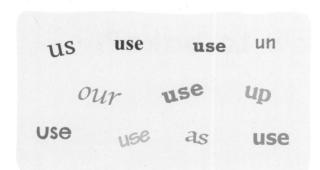

us   use   use   un

our   use   up

use   use   as   use

Ⓐ 단어를 듣고, 따라 써 보세요. 🎧

goes   goes

Ⓑ 단어를 완성해 보세요.

Ⓒ 같은 것을 찾아 연결해 보세요.

goes •   • goes

goes •   • goet

goes •   • goes

goes •   • gooes

three

3, 셋(의)

its

그것의

Ⓐ 단어를 듣고, 따라 써 보세요. 🎧

Ⓑ 단어를 완성해 보세요.

	h			e

Ⓒ 단어 three가 3번 나오는 줄을 찾아 보세요.

three	tree	ttree
three	three	thre
three	there	tree

Ⓐ 단어를 듣고, 따라 써 보세요. 🎧

Ⓑ 단어를 완성해 보세요.

i			t	

Ⓒ 단어 its를 찾아 색칠해 보세요.

it	its	its	it's	at
its	its	it	its	is
I'm	its	its	is	its

D 각 그림에서 **use**, **goes**, **three**, **its** 단어를 찾아 동그라미 해 보세요.

🔍 두 그림의 다른 부분 7군데를 찾아 보세요.

E 철자를 순서대로 배열하고, 알맞은 뜻과 연결해 보세요.

1. **s i t** _____ • • 3, 셋(의)

2. **s e u** _____ • • 간다

3. **o s g e** _____ • • 그것의

4. **e t r e h** _____ • • 사용하다

118

손가락을 대고 큰 소리로 읽어 보세요. 그리고 ★ 에 스티커를 붙여서 원하는 문장을 만들어 보세요.

Point ➡ Read ➡ Trace & Stick

1

use   three

Use
Use three
Use three **cubes.**

세 개의 정육면체를 **사용하세요.**

Use three   ★ .

2

goes   its

My dog
My dog goes
My dog goes **to**
My dog goes **to** its **house.**

내 개는 그것의 집으로 가요.

My dog goes to its   ★ .

DAY 29

now 지금

then 그다음에

A 단어를 듣고, 따라 써 보세요. 🎧

now now

B 단어를 완성해 보세요.

| n | | |

| | o | |

C 단어 now를 찾아 동그라미 해 보세요.

now   in   now   ow
no   now   now
how   now   no   on

A 단어를 듣고, 따라 써 보세요. 🎧

then then

B 단어를 완성해 보세요.

C 같은 것을 찾아 연결해 보세요.

then •   • the

then •   • them

then •   • then

then •   • then

right
바로, 오른쪽

once
한 번

A 단어를 듣고, 따라 써 보세요. 🎧

right right

A 단어를 듣고, 따라 써 보세요. 🎧

once once

B 단어를 완성해 보세요.

B 단어를 완성해 보세요.

| o | | c | | | | e |

C 단어 right이 3번 나오는 줄을 찾아 보세요.

right	reght	right
rioht	regit	right
light	right	right

C 단어 once를 찾아 색칠해 보세요.

once	one	once	once	one
on	none	once	once	own
once	once	one	once	une

선을 따라 가서, 단어를 다시 써 보세요.

now   then   right   once

철자를 순서대로 배열하고, 알맞은 뜻과 연결해 보세요.

1. w n o
_____
•   • 그다음에

2. n e o c
_____
•   • 바로, 오른쪽

3. t n e h
_____
•   • 지금

4. i g r t h
_____
•   • 한 번

122

손가락을 대고 큰 소리로 읽어 보세요. 그리고 [★] 에 스티커를 붙여서 원하는 문장을 만들어 보세요.

1

then　　once

Then
Then **bite**
Then **bite it**
Then **bite it** once.

그다음에 그것을 **한 번** 물어요.

Then [★] it once.

2

right　　now

You
You can hide
You can hide right
You can hide right now.

너는 **바로 지금** 숨을 수 있어.

You can [★] right now.

Sight Words

A 알맞은 철자를 넣어 단어를 완성하세요.

1.  먹다

2.  어떻게

3. [ ][ ][ ]**t** ~해야 한다

4. [ ][ ]**c**[ ] 한 번

5. [ ][ ]**s** 그것의

6. **k**[ ][ ][ ] 알다

7.  3, 셋(의)

8. [ ][ ][ ]**n** 그다음에

B 보기를 보고 단어를 찾아 보세요.

보기
good
all
put
first
goes
use
right
now

n	o	t	g	u	k	w	a	l
p	u	t	o	r	i	l	p	n
e	h	g	o	f	i	r	s	t
n	m	i	d	f	y	u	g	o
o	a	p	u	s	e	t	o	n
w	l	j	c	t	b	l	e	e
d	l	r	i	g	h	t	s	c

Sentences

C 문장을 듣고, 알맞은 단어를 넣어 문장을 완성하세요. 🎧

1. _____ _____
   _____ _____ cubes.
   (사용하다) (3, 셋(의))

2. You can hide _____ _____ .
   (바로) (지금)

3. _____ _____
   _____ , _____ this box here.
   (첫째, 먼저) (놓다, 두다)

4. We are _____ _____ at diving.
   (모두) (좋은, 잘하는)

D 문장을 읽고, 알맞은 사진과 연결하세요.

1.  • • You must bite it.

2.  • • Then cut it once.

3.  • • Do you know how to skate?

4.  • • My dog goes to its house.

Story

E 보기 단어들을 찾아 동그라미 해 보세요.

보기

| good | how | now | know | put | once | three |

1 Monster Mike is **good** at cooking.

2 Do you **know how** to make bug salad?
Let's do it **right now**!

F 단어를 듣고, 큰 소리로 따라 말해 보세요. 🎧

cook 요리하다　　　　**spider** 거미　　　　**add** 추가하다　　　　**mix** 섞다

G 스토리를 듣고, 세 번 읽어 보세요. 🎧

❸ **First**, **put three** spiders into the salad.
Then add five black ants.

❹ Mix it **once**. You **must eat** it!

전권 커리큘럼

Book 1	Sight Words				Sentence Patterns	
Day 01	I	am	see	a	I am a vet.	I see a man.
Day 02	it	is	can	an	Is it a cup?	I can see an ant.
Day 03	what	the	in	my	It is in my bag.	What is in the box?
Day 04	you	are	has	no	You are my mom.	He has no jam.
Day 05	Review					
Day 06	at	look	jump	on	Look at the pig.	I jump on the bed.
Day 07	to	like	with	me	I like to hop.	Can you run with me?
Day 08	go	let's	that	who	Let's go to the hill.	Who is that man?
Day 09	we	play	come	and	We can play tag.	Come and nap with me.
Day 10	Review					
Day 11	our	here	where	your	Here are our caps.	Where is your van?
Day 12	so	she	little	get	She is so sad.	Can I get a little pot?
Day 13	he	have	some	too	I have some ham.	He likes the nuts too.
Day 14	find	there	please	over	Please find my socks.	My bus is over there.
Day 15	Review					
Day 16	will	make	want	blue	He will make a nest.	I want a blue bin.
Day 17	for	this	don't	they	This gift is for you.	They don't like this bug.
Day 18	do	ride	also	red	I also ride a car.	Do you want a red mug?
Day 19	ate	five	one	big	I ate five buns.	He has one big map.
Day 20	Review					
Day 21	her	help	stop	said	Don't help her.	"Stop!" she said.
Day 22	his	new	did	ask	I like his new bike.	Did you ask your mom?
Day 23	not	open	black	into	Do not open the gate.	We go into the black cave.
Day 24	out	came	yellow	was	The dog came out.	The hive was yellow.
Day 25	Review					
Day 26	eat	must	good	all	You must eat it.	We are all good at diving.
Day 27	put	first	know	how	First, put this box here.	Do you know how to bake?
Day 28	use	goes	three	its	Use three cubes.	My dog goes to its house.
Day 29	now	then	right	once	Then bite it once.	You can hide right now.
Day 30	Review					

Book 2	Sight Words				Sentence Patterns	
Day 01	made	funny	sing	but	He made a funny clown.	I sing, but I don't like it.
Day 02	does	take	together	when	Does she take a trip?	When can we swim together?
Day 03	ran	away	always	run	The mouse ran away.	I always run to the slide.
Day 04	why	say	think	best	Why did you say that?	I think it is the best drum.
Day 05	Review					
Day 06	walk	going	thank	pretty	He is going for a walk.	Thank you for the pretty dress.
Day 07	may	about	these	old	They may be old.	What are these books about?
Day 08	went	around	those	well	We went around the slide.	Those boys are playing well.
Day 09	sleep	after	live	under	You can sleep after class.	No one lives under the tree.
Day 10	Review					
Day 11	had	two	long	buy	He once had two snakes.	I will buy a long bench.
Day 12	very	small	pick	from	The shell was very small.	Pick the grapes from the basket.
Day 13	pull	could	every	time	She could not pull the truck.	Every time I sing, I'm happy.
Day 14	soon	again	because	brown	We will sing again soon.	I like this bench because it is brown.
Day 15	Review					
Day 16	of	them	only	him	One of them is good.	I only want to meet him.
Day 17	fly	four	found	up	He found four boys.	The birds fly up in the sky.
Day 18	as	cold	many	saw	This is as cold as snow.	I saw many horses at the farm.
Day 19	tell	done	were	by	Tell me when you are done.	There were toys by the window.
Day 20	Review					
Day 21	just	start	today	cut	We just started playing.	He cut his hand today.
Day 22	hurt	much	never	hot	My arms hurt so much.	Never play with a hot spoon.
Day 23	any	more	would	or	Is there any more pie?	He would boil corn or ham.
Day 24	own	write	round	give	He can write his own name.	I give my dog a round ball.
Day 25	Review					
Day 26	try	call	before	work	Try to call me again!	We work before we play.
Day 27	keep	warm	wash	us	I will keep it warm.	They will wash it for us.
Day 28	gave	carry	light	both	This camera is light to carry.	He gave the letter to both of us.
Day 29	fall	off	bring	full	I don't want to fall off.	Bring a glass full of water.
Day 30	Review					

지은이

NE능률 영어교육연구소

NE능률 영어교육연구소는 혁신적이며 효율적인 영어 교재를 개발하고
영어 학습의 질을 한 단계 높이고자 노력하는 NE능률의 연구조직입니다.

초등영어 사이트 워드가 된다 1

펴 낸 이   주민홍
펴 낸 곳   서울특별시 마포구 월드컵북로 396(상암동) 누리꿈스퀘어 비즈니스타워 10층
           ㈜ NE능률 (우편번호 03925)
펴 낸 날   2023년 1월 1일 초판 제1쇄 발행
           2023년 7월 15일 제2쇄
전   화   02 2014 7114
팩   스   02 3142 0356
홈 페 이 지   www.neungyule.com
등 록 번 호   제1-68호
I S B N   979-11-253-4086-7
정   가   14,000원

NE 능률

고객센터

교재 내용 문의 : contact.nebooks.co.kr (별도의 가입 절차 없이 작성 가능)
제품 구매, 교환, 불량, 반품 문의 : 02-2014-7114
☎ 전화문의는 본사 업무시간 중에만 가능합니다.

I	am
see	a
it	is
can	an
what	the

～이다, 있다	나는
02	01
하나의	보다
04	03
～이다, 있다	그것(은, 을)
06	05
하나의	～할 수 있다
08	07
그	무엇
10	09

in	my
you	are
has	no
at	look
jump	on

나의	～ 안에
12	11
～이다, 있다	너는, 당신은
14	13
아니, 하나의 ～도 없는	가지고 있다
16	15
보다	～에, ～을
18	17
～ 위에(서)	뛰다
20	19

to	like
with	me
go	let's
that	who
we	play

좋아하다	~하는 것(을)
22	21
나를	~와 함께, ~을 가지고
24	23
~하자	가다
26	25
누구	저(것)
28	27
놀다	우리는
30	29

come	and
our	here
where	your
so	she
little	get

그리고	오다
32	31
여기(에)	우리의
34	33
너의, 당신의	어디에
36	35
그녀는	매우, 정말
38	37
얻다	작은
40	39

he	have
some	too
find	there
please	over
will	make

가지고 있다

42

그는

41

~도, 또한

44

약간(좀),
몇몇의

43

거기에

46

찾다

45

~ 위로,
~을 넘어

48

제발,
~해 주세요

47

만들다

50

~할 것이다

49

want	blue
for	this
don't	they
do	ride
also	red

파란색(의)	원하다
52	51
이(것, 사람)	~을 위한
54	53
그들은	~ 않다
56	55
타다	〈묻는 문장을 만듦〉, 하다
58	57
빨간색(의)	또한, 역시
60	59

ate	five
one	big
her	help
stop	said
his	new

5, 다섯(의) 62	먹었다 61
큰 64	1, 하나(의) 63
도와주다 66	그녀를(에게), 그녀의 65
말했다 68	멈추다 67
새로운 70	그의, 그의 것 69

did	ask
not	open
black	into
out	came
yellow	was

묻다, 요청하다	〈묻는 문장을 만듦〉, 했다
72	71
열다	~ 아니다, ~ 않다
74	73
~ 안으로	검은색(의)
76	75
왔다	밖으로
78	77
~이었다, 있었다	노란색(의)
80	79

eat	must
good	all
put	first
know	how
use	goes

~해야 한다 82	먹다 81
모두 84	좋은, 잘하는 83
첫째, 먼저 86	놓다, 두다 85
어떻게 88	알다 87
간다 90	사용하다 89

three	its
now	then
right	once

그것의	3, 셋(의)
92	91
그다음에	지금
94	93
한 번	바로, 오른쪽
96	95

Memo

DAY 01 boy   girl   cop   vet

DAY 02 bed   fan   apple   egg

DAY 03 bin   cup   tub   nest

DAY 04 dad   cat   cub   gum

DAY 06 hat   pen   mat   box

DAY 07 hug   jog   nap   jump

DAY 08 bus   top   cop   vet

DAY 09 I   You   jump   play

DAY 11 beds   kids   map   hat

DAY 12 happy   big   fan   duck

DAY 13 fish   gum   bugs   pups

DAY 14 hen   cap   pet   pin

DAY 16 mat / box / pin / can

DAY 17 bell / pan / jam / pen

DAY 18 van / bus / bin / cap

DAY 19 nuts / fish / mop / cat

DAY 21 bite / hate / he / they

DAY 22 name / lace / help / hug

DAY 23 box / tube / hole / dome

DAY 24 cat / tune / kite / cane

DAY 26 bake / hide / baking / hiding

DAY 27 bike / dime / drive / skate

DAY 28 limes / cones / cage / bed

DAY 29 use / cut / dive / hike

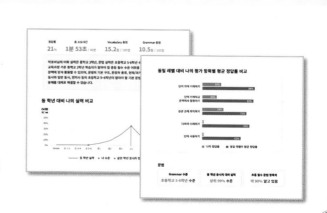

초등영어

사이트 워드가 된다 ①

정답

초등영어
사이트 워드가 된다 ①

정답

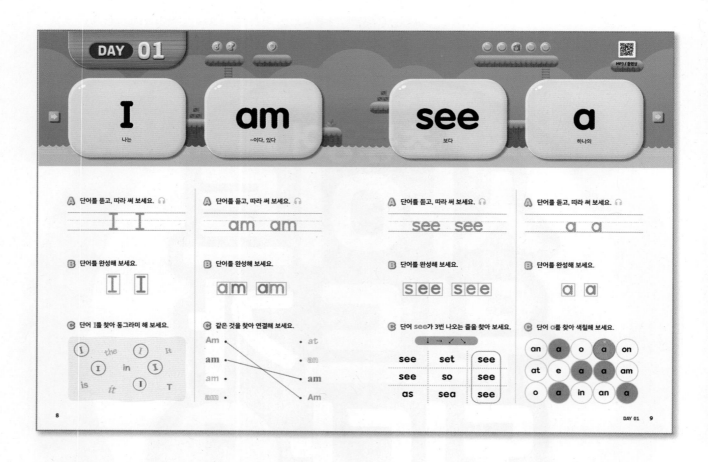

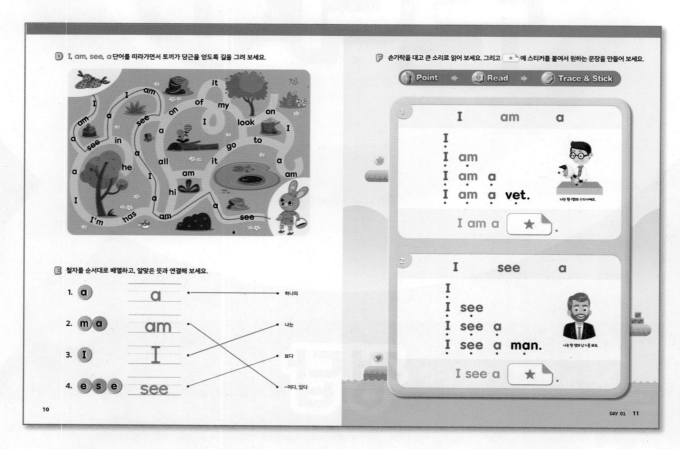

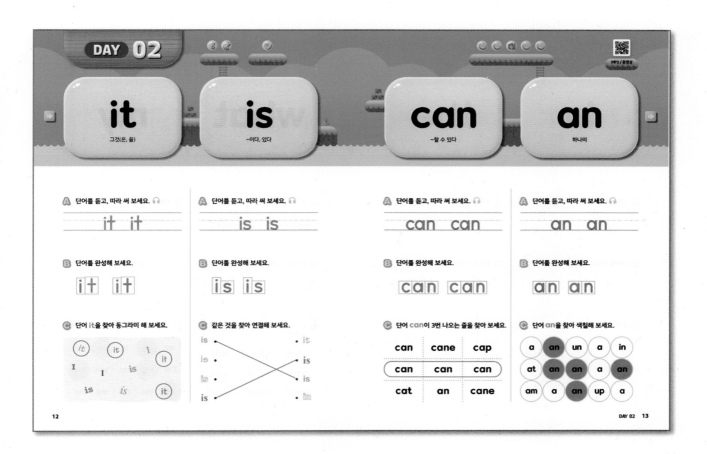

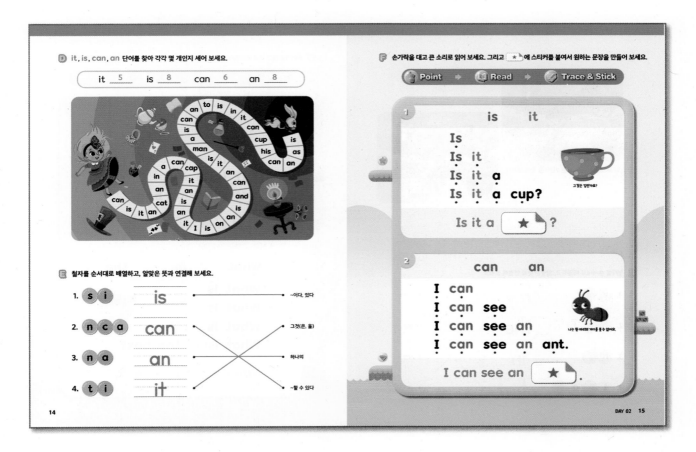

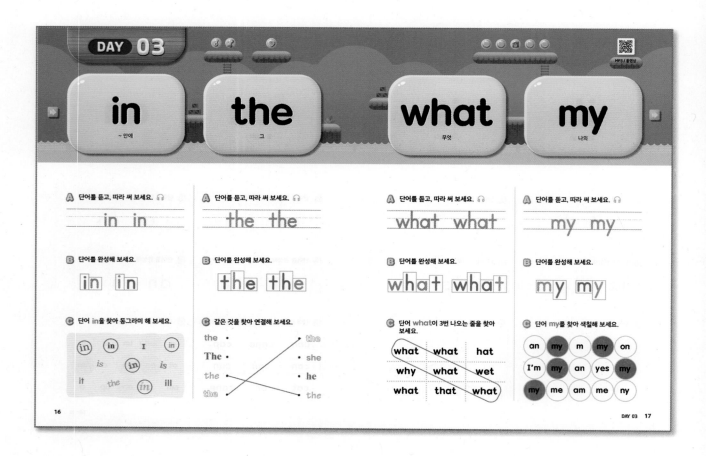

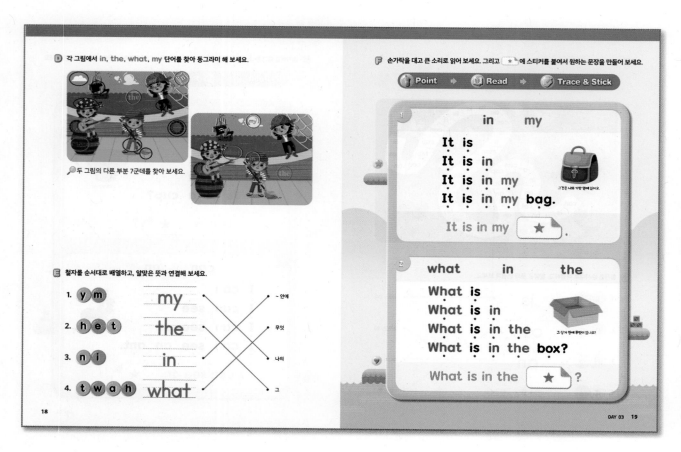

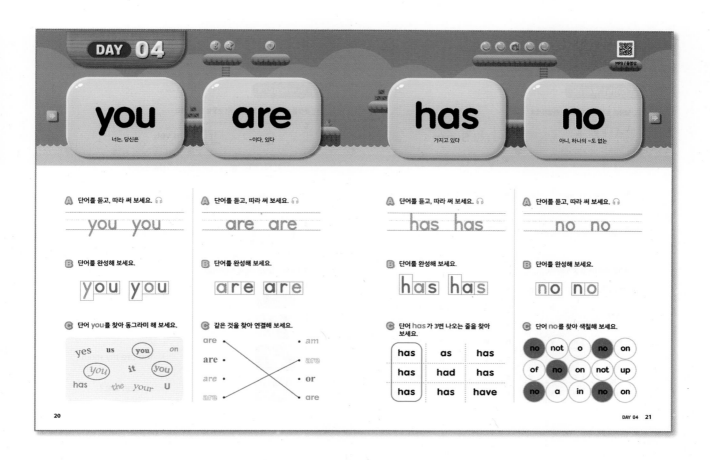

you 너는, 당신은

are ~이다, 있다

has 가지고 있다

no 아니, 하나의 ~도 없는

Ⓐ 단어를 듣고, 따라 써 보세요. 🎧

you you

Ⓑ 단어를 완성해 보세요.

you you

Ⓒ 단어 you를 찾아 동그라미 해 보세요.

yes　us　(you)　on
(you)　it　(you)
has　the　your　U

Ⓐ 단어를 듣고, 따라 써 보세요. 🎧

are are

Ⓑ 단어를 완성해 보세요.

are are

Ⓒ 같은 것을 찾아 연결해 보세요.

are •　• am
are •　• are
are •　• or
are •　• are

Ⓐ 단어를 듣고, 따라 써 보세요. 🎧

has has

Ⓑ 단어를 완성해 보세요.

has has

Ⓒ 단어 has가 3번 나오는 줄을 찾아 보세요.

has	as	has
has	had	has
has	has	have

Ⓐ 단어를 듣고, 따라 써 보세요. 🎧

no no

Ⓑ 단어를 완성해 보세요.

no no

Ⓒ 단어 no를 찾아 색칠해 보세요.

no	not	o	no	on
of	no	on	not	up
no	a	in	no	on

20

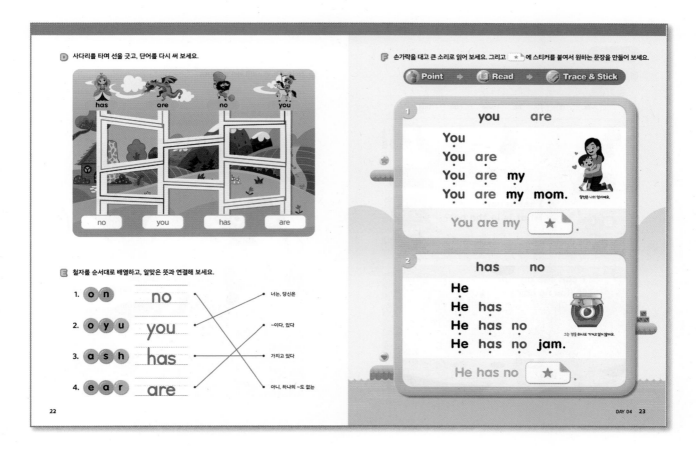

Ⓓ 사다리를 타며 선을 긋고, 단어를 다시 써 보세요.

has　are　no　you

no　you　has　are

Ⓔ 철자를 순서대로 배열하고, 알맞은 뜻과 연결해 보세요.

1. o n　no　• 너는, 당신은
2. o y u　you　• ~이다, 있다
3. a s h　has　• 가지고 있다
4. e a r　are　• 아니, 하나의 ~도 없는

Ⓕ 손가락을 대고 큰 소리로 읽어 보세요. 그리고 ★에 스티커를 붙여서 원하는 문장을 만들어 보세요.

🖐 Point ⇒ 👄 Read ⇒ ✏️ Trace & Stick

1　you　are

You
You　are
You　are　my
You　are　my　mom.

You are my ★.

2　has　no

He
He　has
He　has　no
He　has　no　jam.

He has no ★.

22

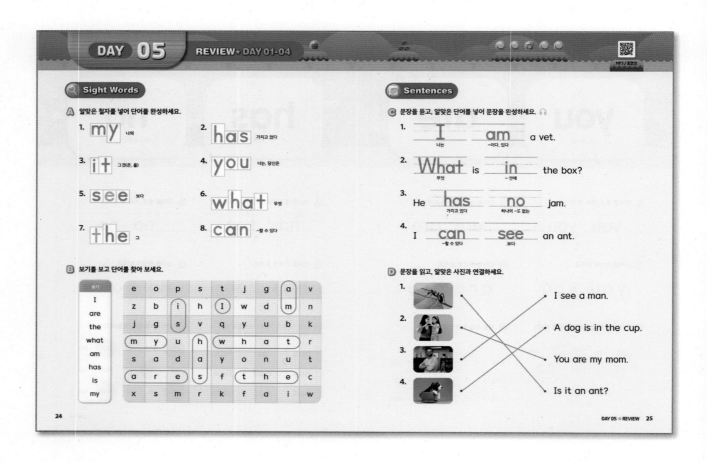

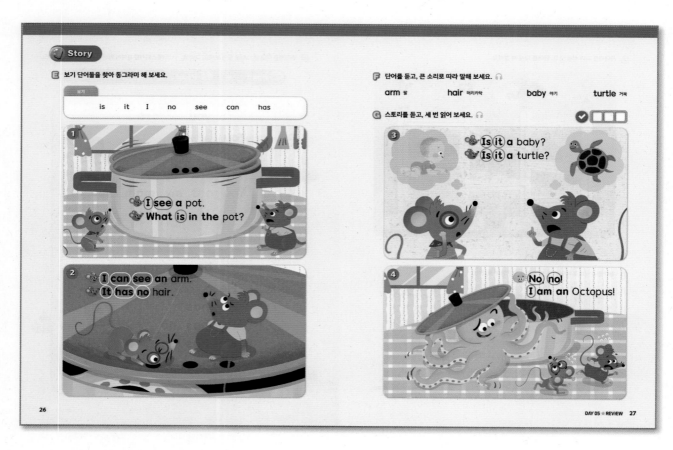

DAY 05 — REVIEW ★ DAY 01-04

Sight Words

A. 알맞은 철자를 넣어 단어를 완성하세요.

1. my 나의
2. has 가지고 있다
3. it 그것(은, 을)
4. you 너는, 당신은
5. see 보다
6. what 무엇
7. the 그
8. can ~할 수 있다

B. 보기를 보고 단어를 찾아 보세요.

보기: I / are / the / what / am / has / is / my

e	o	p	s	t	j	g	a	v
z	b	i	h	I	w	d	m	n
j	g	s	v	q	y	u	b	k
m	y	u	h	w	h	a	t	r
s	a	d	a	y	o	n	u	t
a	r	e	s	f	t	h	e	c
x	s	m	r	k	f	a	i	w

Sentences

C. 문장을 듣고, 알맞은 단어를 넣어 문장을 완성하세요.

1. I 나는 am ~이다, 있다 a vet.
2. What 무엇 is in ~ 안에 the box?
3. He has 가지고 있다 no 하나의 ~도 없는 jam.
4. I can ~할 수 있다 see 보다 an ant.

D. 문장을 읽고, 알맞은 사진과 연결하세요.

1. → Is it an ant?
2. → You are my mom.
3. → I see a man.
4. → A dog is in the cup.

Story

E. 보기 단어들을 찾아 동그라미 해 보세요.

보기: is / it / I / no / see / can / has

1. I see a pot.
   What is in the pot?
2. I can see an arm.
   It has no hair.

F. 단어를 듣고, 큰 소리로 따라 말해 보세요.

arm 팔   hair 머리카락   baby 아기   turtle 거북

G. 스토리를 듣고, 세 번 읽어 보세요.

3. Is it a baby?
   Is it a turtle?
4. No no!
   I am an Octopus!

24   DAY 05 ★ REVIEW 25

26   DAY 05 ★ REVIEW 27

6

🐭 냄비가 보이네.
🐭 냄비 안에 뭐가 있어?

🐭 팔이 하나 보여.
🐭 머리카락은 없어.

🐭 아기인가?
🐭 거북인가?

🙂 아니, 아니!
나는 문어야!

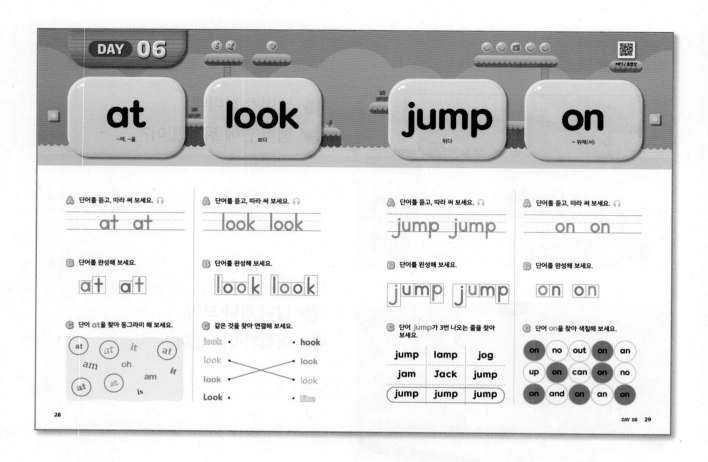

at ~에, ~을 **look** 보다 **jump** 뛰다 **on** ~ 위에(서)

Ⓐ 단어를 듣고, 따라 써 보세요. 🎧

at at

Ⓑ 단어를 완성해 보세요.

at at

Ⓒ 단어 at을 찾아 동그라미 해 보세요.

at at it at
am oh it
at at am is

Ⓐ 단어를 듣고, 따라 써 보세요. 🎧

look look

Ⓑ 단어를 완성해 보세요.

look look

Ⓒ 같은 것을 찾아 연결해 보세요.

look • • hook
look • • look
look • • look
Look • • like

Ⓐ 단어를 듣고, 따라 써 보세요. 🎧

jump jump

Ⓑ 단어를 완성해 보세요.

jump jump

Ⓒ 단어 jump가 3번 나오는 줄을 찾아 보세요.

jump	lamp	jog
jam	Jack	jump
jump	jump	jump

Ⓐ 단어를 듣고, 따라 써 보세요. 🎧

on on

Ⓑ 단어를 완성해 보세요.

on on

Ⓒ 단어 on을 찾아 색칠해 보세요.

on	no	out	on	an
up	on	can	on	no
on	and	on	an	on

28

DAY 06 29

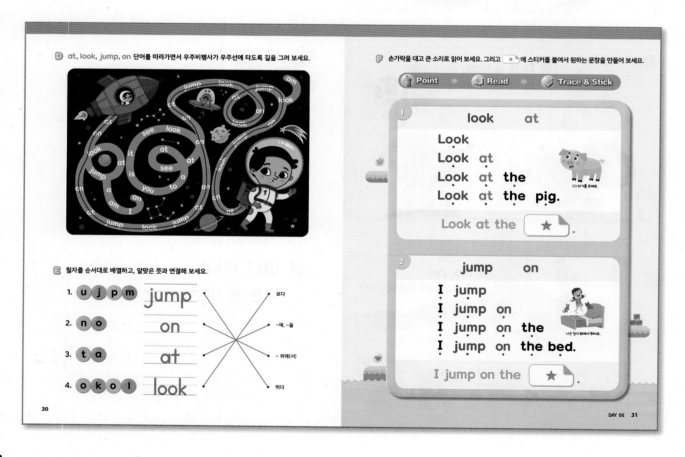

Ⓓ at, look, jump, on 단어를 따라가면서 우주비행사가 우주선에 타도록 길을 그려 보세요.

Ⓔ 철자를 순서대로 배열하고, 알맞은 뜻과 연결해 보세요.

1. u j p m   jump   • • 보다
2. n o   on   • • ~에, ~을
3. t a   at   • • ~ 위에(서)
4. o k o l   look   • • 뛰다

Ⓕ 손가락을 대고 큰 소리로 읽어 보세요. 그리고 ★ 에 스티커를 붙여서 원하는 문장을 만들어 보세요.

Point Read Trace & Stick

1 **look   at**

Look
Look at
Look at the
Look at the pig.

따라해 보세요

Look at the ★ .

2 **jump   on**

I jump
I jump on
I jump on the
I jump on the bed.

나는 침대 위에서 뛰어요.

I jump on the ★ .

30

DAY 06 31

8

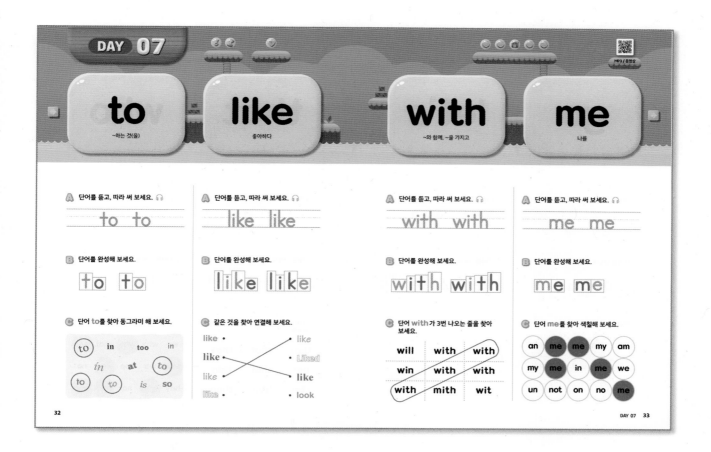

to
~하는 것(을)

like
좋아하다

with
~와 함께, ~을 가지고

me
나를

Ⓐ 단어를 듣고, 따라 써 보세요. 🎧
to to

Ⓑ 단어를 완성해 보세요.
to to

Ⓒ 단어 to를 찾아 동그라미 해 보세요.

to	in	too	in
in	at	to
to	to	is	so

Ⓐ 단어를 듣고, 따라 써 보세요. 🎧
like like

Ⓑ 단어를 완성해 보세요.
like like

Ⓒ 같은 것을 찾아 연결해 보세요.
like • • like
like • • Liked
like • • like
like • • look

Ⓐ 단어를 듣고, 따라 써 보세요. 🎧
with with

Ⓑ 단어를 완성해 보세요.
with with

Ⓒ 단어 with가 3번 나오는 줄을 찾아 보세요.

will	with	with
win	with	with
with	mith	wit

Ⓐ 단어를 듣고, 따라 써 보세요. 🎧
me me

Ⓑ 단어를 완성해 보세요.
me me

Ⓒ 단어 me를 찾아 색칠해 보세요.

an	me	me	my	am
my	me	in	me	we
un	not	on	no	me

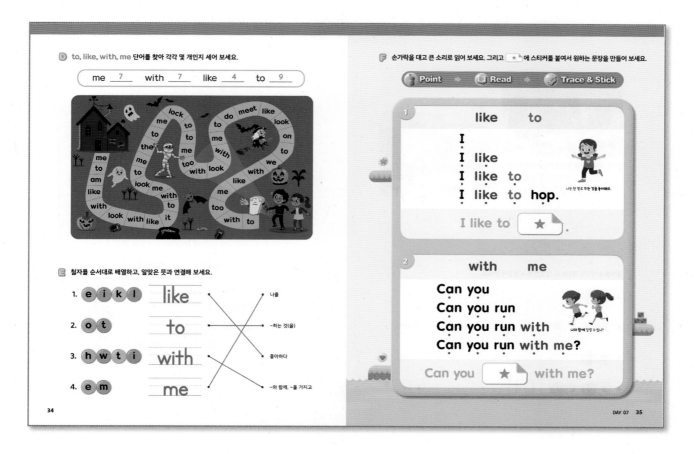

Ⓓ to, like, with, me 단어를 찾아 각각 몇 개인지 세어 보세요.

me __7__ with __7__ like __4__ to __9__

Ⓔ 철자를 순서대로 배열하고, 알맞은 뜻과 연결해 보세요.

1. e i k l   like • • 나를
2. o t   to • • ~하는 것(을)
3. h w t i   with • • 좋아하다
4. e m   me • • ~와 함께, ~을 가지고

Ⓕ 손가락을 대고 큰 소리로 읽어 보세요. 그리고 ★ 에 스티커를 붙여서 원하는 문장을 만들어 보세요.

🖐 Point   📖 Read   ✏ Trace & Stick

1
like   to

I
I like
I like to
I like to hop.

I like to ★ .

나는 한 발로 뛰는 것을 좋아해요.

2
with   me

Can you
Can you run
Can you run with
Can you run with me?

Can you ★ with me?

나와 함께 달릴 수 있니?

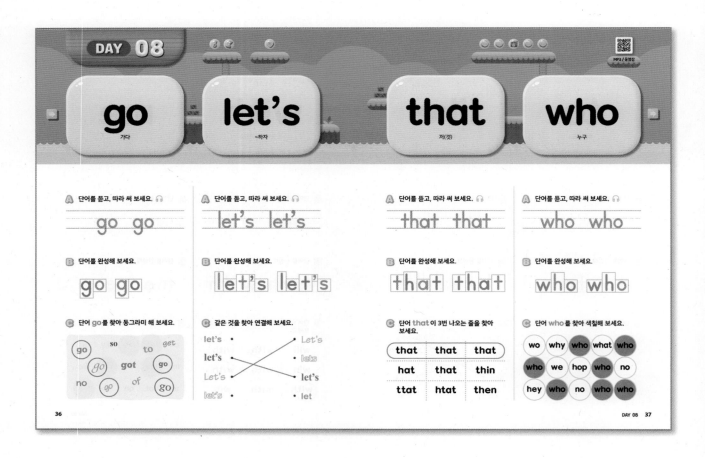

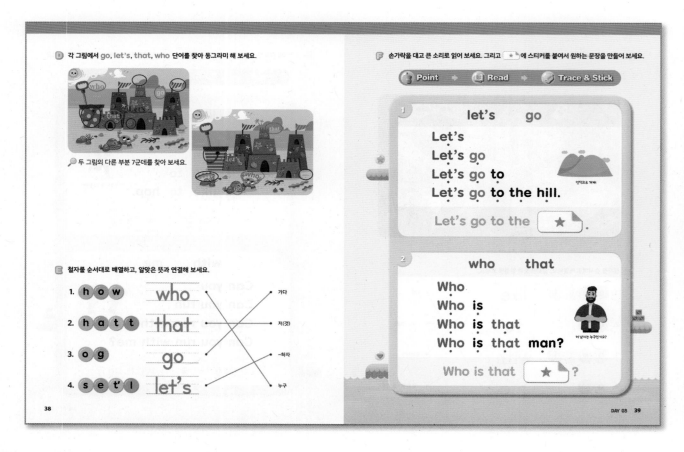

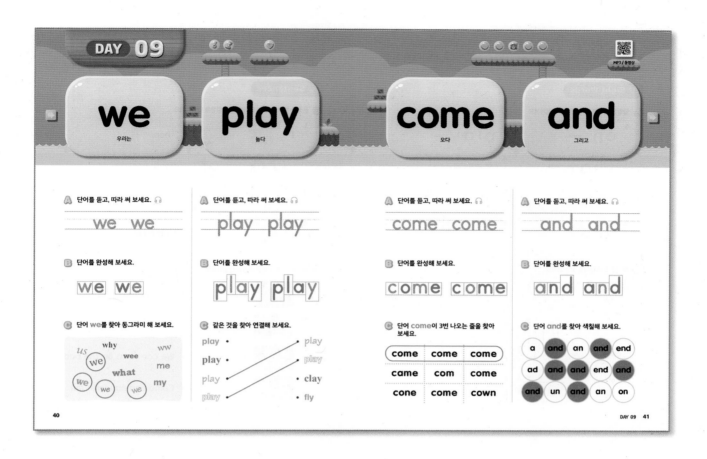

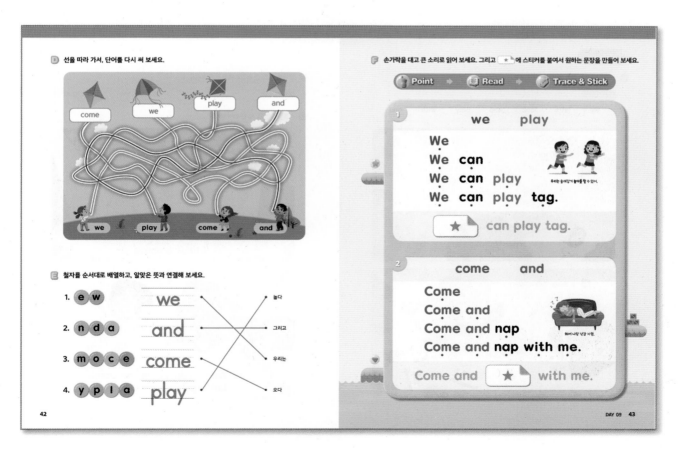

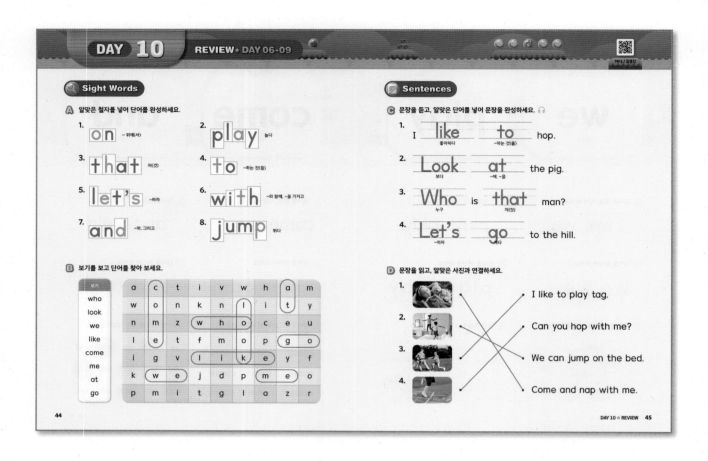

Sight Words

A 알맞은 철자를 넣어 단어를 완성하세요.

1. on ~위에(서)
2. play 놀다
3. that 저(것)
4. to ~하는 것(을)
5. let's ~하자
6. with ~와 함께, ~을 가지고
7. and ~와, 그리고
8. jump 뛰다

B 보기를 보고 단어를 찾아 보세요.

보기: who, look, we, like, come, me, at, go

a	c	t	i	v	w	h	a	m
w	o	n	k	n	l	i	t	y
n	m	z	w	h	o	c	e	u
l	e	t	f	m	o	p	g	o
i	g	v	l	i	k	e	y	f
k	w	e	j	d	p	m	e	o
p	m	i	t	g	l	a	z	r

Sentences

C 문장을 듣고, 알맞은 단어를 넣어 문장을 완성하세요.

1. I **like** **to** 좋아하다 ~하는 것(을) hop.
2. **Look** **at** 보다 ~에 ~을 the pig.
3. **Who** is **that** 누구 저(것) man?
4. **Let's** **go** ~하자 가다 to the hill.

D 문장을 읽고, 알맞은 사진과 연결하세요.

1. — I like to play tag.
2. — Can you hop with me?
3. — We can jump on the bed.
4. — Come and nap with me.

Story

E 보기 단어들을 찾아 동그라미 해 보세요.

보기: we, let's, look, who, play, with, and

1. Look at that! Who is it?
2. I see an alien. It has a hat.
3. Come and play with me. I like to dance.
4. We can dance on the clouds. Let's go!

F 단어를 듣고, 큰 소리로 따라 말해 보세요.

alien 외계인   hat 모자   dance 춤추다   cloud 구름

G 스토리를 듣고, 세 번 읽어 보세요.

저것 봐!
누구지?

외계인이 보여.
모자를 가지고 있어.

와서 나랑 같이 놀자.
나는 춤추는 것을 좋아해.

우리는 구름 위에서 춤출 수 있어.
가자!

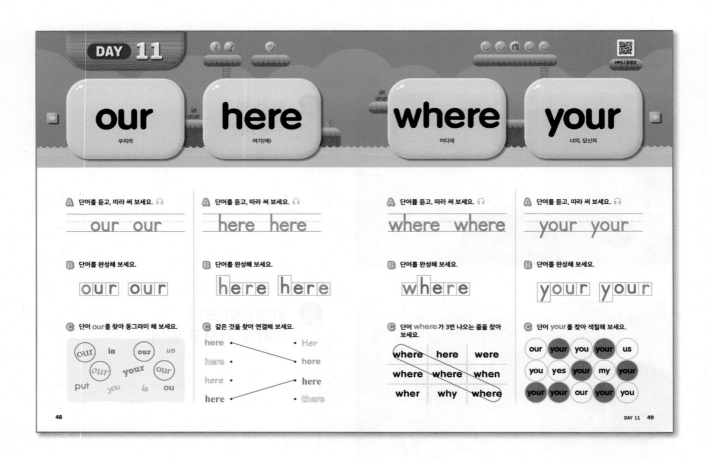

DAY 11

our 우리의 **here** 여기(에) **where** 어디에 **your** 너의, 당신의

Ⓐ 단어를 듣고, 따라 써 보세요. 🎧
our our

Ⓑ 단어를 완성해 보세요.
our our

Ⓒ 단어 our를 찾아 동그라미 해 보세요.
our in our us
our your our
put you is ou

Ⓐ 단어를 듣고, 따라 써 보세요. 🎧
here here

Ⓑ 단어를 완성해 보세요.
here here

Ⓒ 같은 것을 찾아 연결해 보세요.
here • • Her
here • • here
here • • here
here • • thera

Ⓐ 단어를 듣고, 따라 써 보세요. 🎧
where where

Ⓑ 단어를 완성해 보세요.
where

Ⓒ 단어 where가 3번 나오는 줄을 찾아 보세요.
where	here	were
where	where	when
wher	why	where

Ⓐ 단어를 듣고, 따라 써 보세요. 🎧
your your

Ⓑ 단어를 완성해 보세요.
your your

Ⓒ 단어 your를 찾아 색칠해 보세요.
our	your	you	your	us
you	yes	your	my	your
your	your	our	your	you

48   DAY 11 49

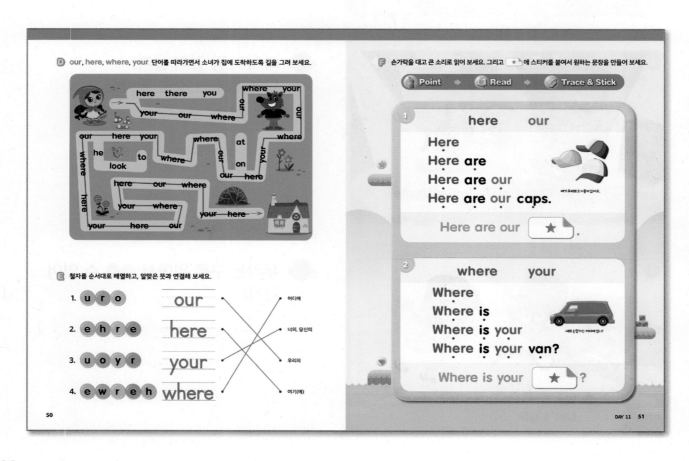

Ⓓ our, here, where, your 단어를 따라가면서 소녀가 집에 도착하도록 길을 그려 보세요.

Ⓔ 철자를 순서대로 배열하고, 알맞은 뜻과 연결해 보세요.
1. u r o   our   • 어디에
2. e h r e   here   • 너의, 당신의
3. u o y r   your   • 우리의
4. e w r e h where • 여기(에)

Ⓕ 손가락을 대고 큰 소리로 읽어 보세요. 그리고 ★에 스티커를 붙여서 원하는 문장을 만들어 보세요.
① Point → ② Read → ③ Trace & Stick

1 here   our
Here
Here **are**
Here **are** our
Here **are** our **caps.**
여기 우리들의 모자들이 있어요.
Here are our ★ .

2 where   your
Where
Where **is**
Where **is** your
Where **is** your **van?**
너의 승합차는 어디에 있니?
Where is your ★ ?

50   DAY 11 51

14

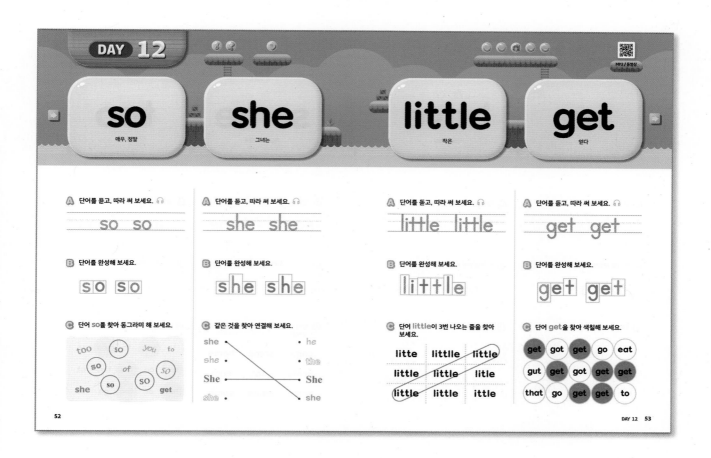

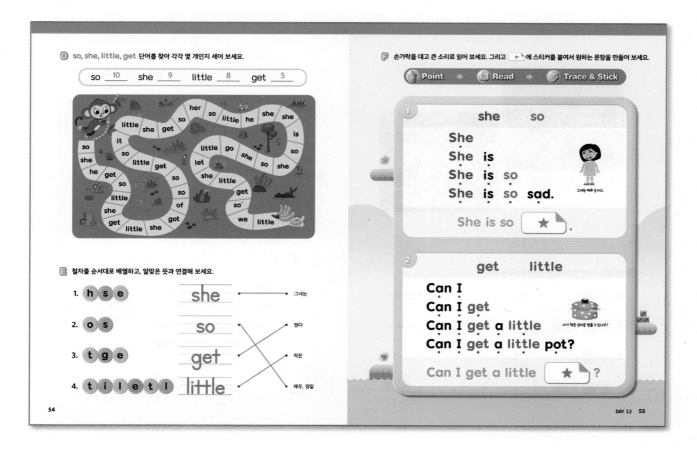

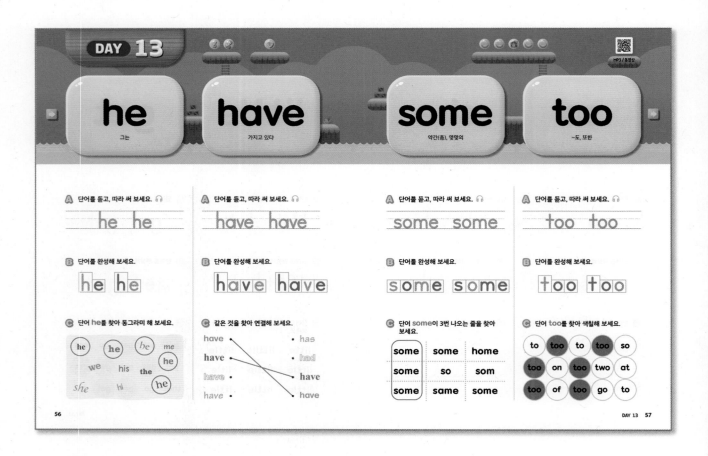

he   have   some   too

그는   가지고 있다   약간(좀), 몇몇의   ~도, 또한

Ⓐ 단어를 듣고, 따라 써 보세요. 🎧

he he

Ⓐ 단어를 듣고, 따라 써 보세요. 🎧

have have

Ⓐ 단어를 듣고, 따라 써 보세요. 🎧

some some

Ⓐ 단어를 듣고, 따라 써 보세요. 🎧

too too

Ⓑ 단어를 완성해 보세요.

he he

Ⓑ 단어를 완성해 보세요.

have have

Ⓑ 단어를 완성해 보세요.

some some

Ⓑ 단어를 완성해 보세요.

too too

Ⓒ 단어 he를 찾아 동그라미 해 보세요.

he   he   he   me
we   his   the   he
she   hi   he

Ⓒ 같은 것을 찾아 연결해 보세요.

have • — • has
have • — • had
have • — • have
have • — • have

Ⓒ 단어 some이 3번 나오는 줄을 찾아 보세요.

some	some	home
some	so	som
some	same	some

Ⓒ 단어 too를 찾아 색칠해 보세요.

to	too	to	too	so
too	on	too	two	at
too	of	too	go	to

56

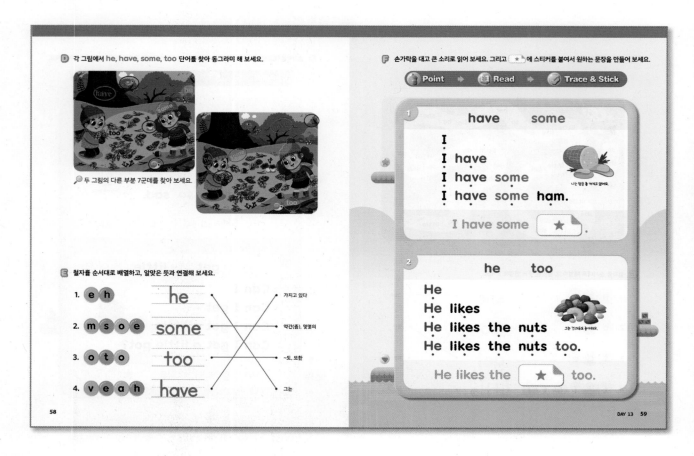

Ⓓ 각 그림에서 he, have, some, too 단어를 찾아 동그라미 해 보세요.

🔍 두 그림의 다른 부분 7군데를 찾아 보세요.

Ⓔ 철자를 순서대로 배열하고, 알맞은 뜻과 연결해 보세요.

1. e h   he   • 가지고 있다

2. m s o e   some   • 약간(좀), 몇몇의

3. o t o   too   • ~도, 또한

4. v e a h   have   • 그는

Ⓕ 손가락을 대고 큰 소리로 읽어 보세요. 그리고 ★ 에 스티커를 붙여서 원하는 문장을 만들어 보세요.

👆 Point → 👄 Read → ✏️ Trace & Stick

1 have   some

I
I have
I have some
I have some ham.

I have some ★ .

2 he   too

He
He likes
He likes the nuts
He likes the nuts too.

He likes the ★ too.

58

16

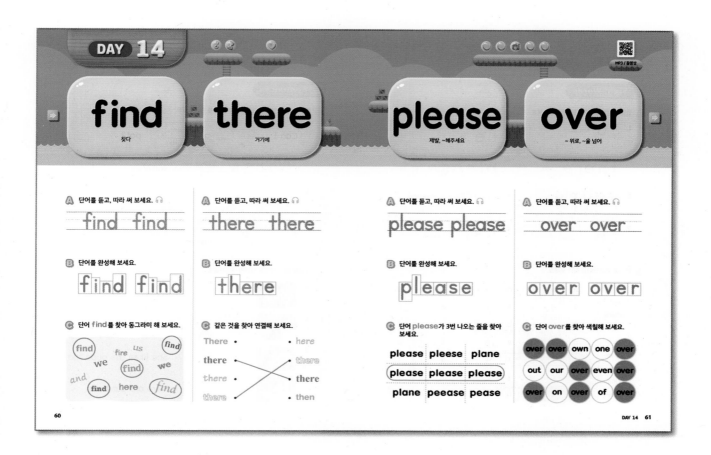

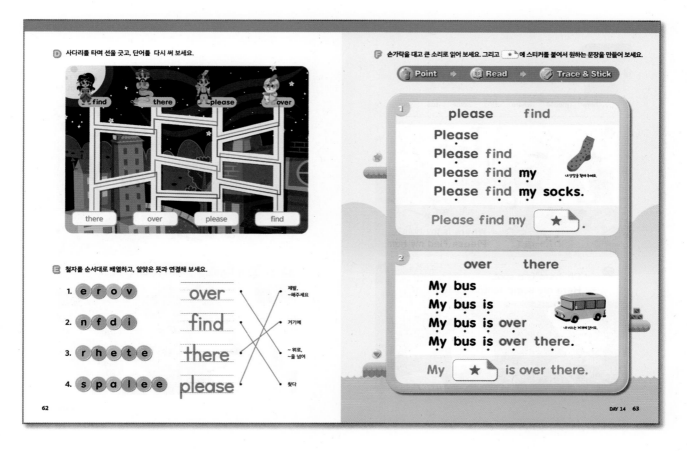

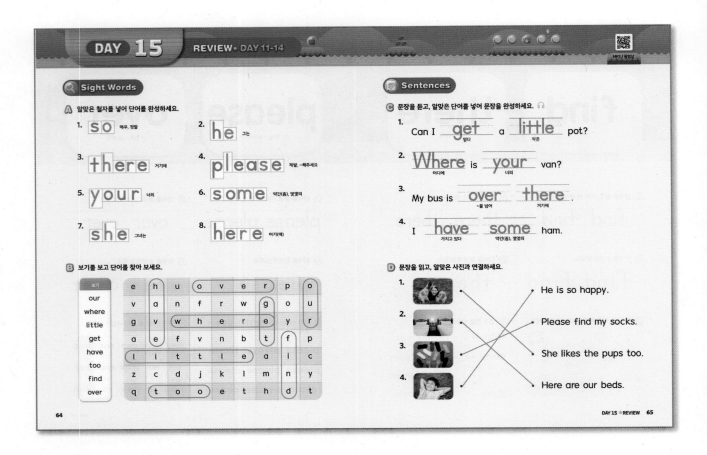

DAY 15 · REVIEW · DAY 11-14

Sight Words

A 알맞은 철자를 넣어 단어를 완성하세요.

1. **so** 매우, 정말
2. **he** 그는
3. **there** 거기에
4. **please** 제발, ~해주세요
5. **your** 너의
6. **some** 약간(좀), 몇몇의
7. **she** 그녀는
8. **here** 여기(에)

B 보기를 보고 단어를 찾아 보세요.

보기
our
where
little
get
have
too
find
over

e	h	u	o	v	e	r	p	o
v	a	n	f	r	w	g	o	u
g	v	w	h	e	r	e	y	r
a	e	f	v	n	b	t	f	p
l	i	t	t	l	e	a	i	c
z	c	d	j	k	l	m	n	y
q	t	o	o	e	t	h	d	t

Sentences

C 문장을 듣고, 알맞은 단어를 넣어 문장을 완성하세요.

1. Can I **get** a **little** pot?
2. **Where** is **your** van?
3. My bus is **over** **there**.
4. I **have** **some** ham.

D 문장을 읽고, 알맞은 사진과 연결하세요.

1. · · He is so happy.
2. · · Please find my socks.
3. · · She likes the pups too.
4. · · Here are our beds.

64   DAY 15 · REVIEW   65

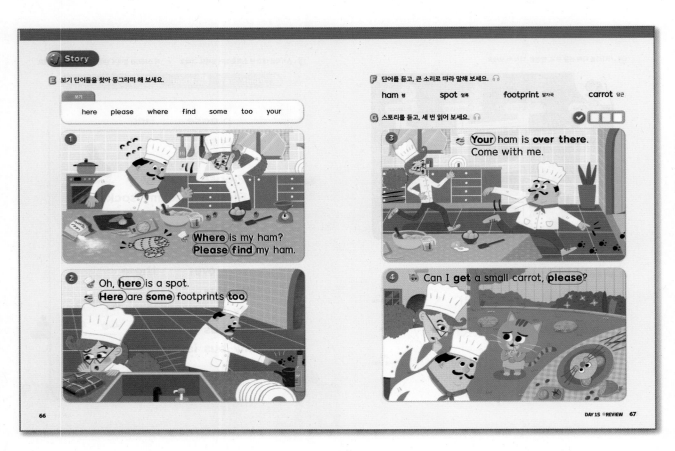

Story

E 보기 단어들을 찾아 동그라미 해 보세요.

보기
here   please   where   find   some   too   your

① **Where** is my ham?
Please **find** my ham.

② Oh, **here** is a spot.
Here are **some** footprints **too**.

F 단어를 듣고, 큰 소리로 따라 말해 보세요.

ham 햄   spot 얼룩   footprint 발자국   carrot 당근

G 스토리를 듣고, 세 번 읽어 보세요.

③ **Your** ham is **over** **there**.
Come with me.

④ Can I **get** a small carrot, **please**?

66   DAY 15 · REVIEW   67

18

Story

1. **Where** is my ham?
Please find my ham.

제 햄이 어디 있을까요?
제 햄 좀 찾아주세요.

2. Oh, **here** is a spot.
Here are **some** footprints **too**.

오, 여기 얼룩이 있어요.
여기 발자국들도 있어요.

3. **Your** ham is **over there**.
Come with me.

당신의 햄은 저기 있어요.
나와 같이 가요.

4. Can I **get** a small carrot, **please**?

제가 작은 당근 하나 얻을 수 있을까요?

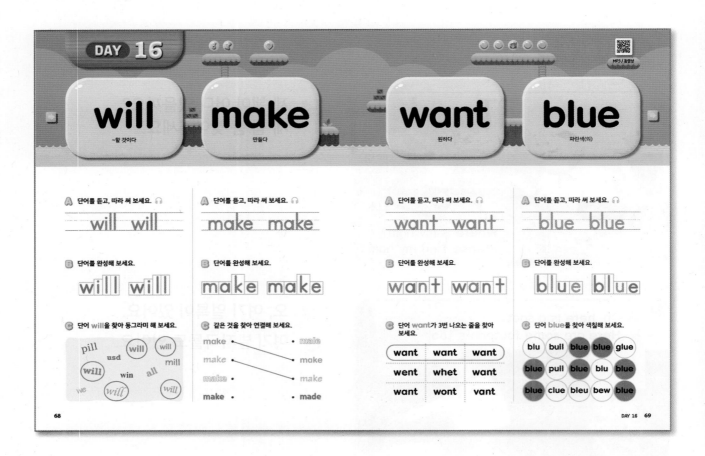

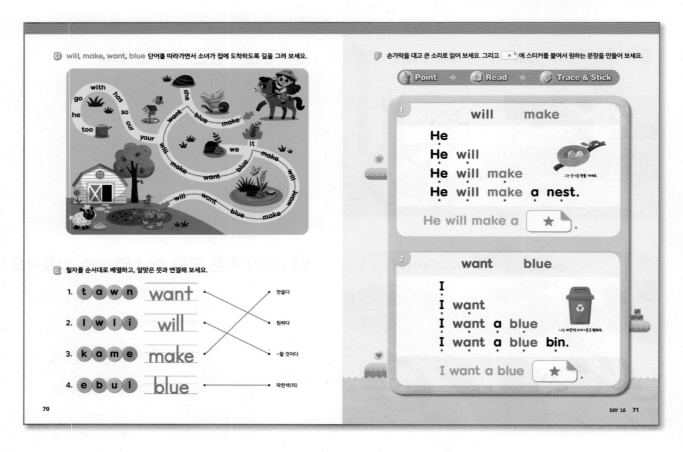

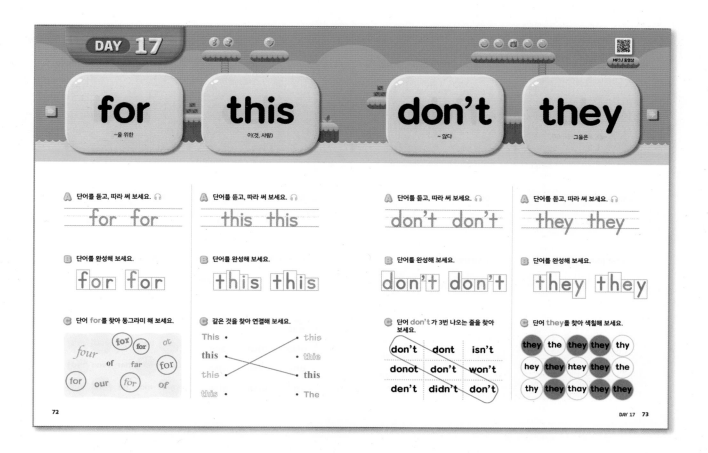

for
~을 위한

this
이(것, 사람)

don't
~ 않다

they
그들은

Ⓐ 단어를 듣고, 따라 써 보세요. 🎧
for for

Ⓐ 단어를 듣고, 따라 써 보세요. 🎧
this this

Ⓐ 단어를 듣고, 따라 써 보세요. 🎧
don't don't

Ⓐ 단어를 듣고, 따라 써 보세요. 🎧
they they

Ⓑ 단어를 완성해 보세요.
for for

Ⓑ 단어를 완성해 보세요.
this this

Ⓑ 단어를 완성해 보세요.
don't don't

Ⓑ 단어를 완성해 보세요.
they they

Ⓒ 단어 for를 찾아 동그라미 해 보세요.

four
fox fox ot
of far
for our for of

Ⓒ 같은 것을 찾아 연결해 보세요.

This • • this
this • • thie
this • • this
this • • The

Ⓒ 단어 don't가 3번 나오는 줄을 찾아 보세요.

don't	dont	isn't
donot	don't	won't
den't	didn't	don't

Ⓒ 단어 they를 찾아 색칠해 보세요.

they	the	they	they	thy
hey	they	htey	they	the
thy	they	thay	they	they

72

DAY 17 73

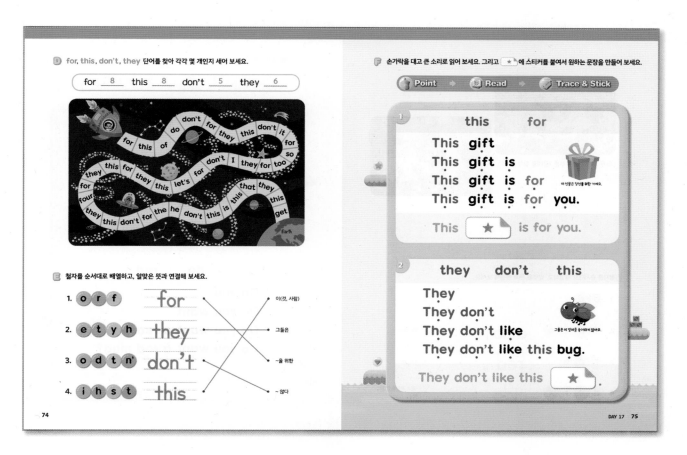

Ⓓ for, this, don't, they 단어를 찾아 각각 몇 개인지 세어 보세요.

for __8__ this __8__ don't __5__ they __6__

Ⓔ 철자를 순서대로 배열하고, 알맞은 뜻과 연결해 보세요.

1. o r f   for   • • 이(것, 사람)
2. e t y h   they   • • 그들은
3. o d t n'   don't   • • ~을 위한
4. i h s t   this   • • ~ 않다

Ⓕ 손가락을 대고 큰 소리로 읽어 보세요. 그리고 ★ 에 스티커를 붙여서 원하는 문장을 만들어 보세요.

🔵 Point ➜ 🟢 Read ➜ 🟡 Trace & Stick

1
this   for

This gift
This gift is
This gift is for
This gift is for you.

이 선물은 당신을 위한 거예요.

This ★ is for you.

2
they   don't   this

They
They don't
They don't like
They don't like this bug.

그들은 이 벌레를 좋아하지 않아요.

They don't like this ★ .

74

DAY 17 75

정답 21

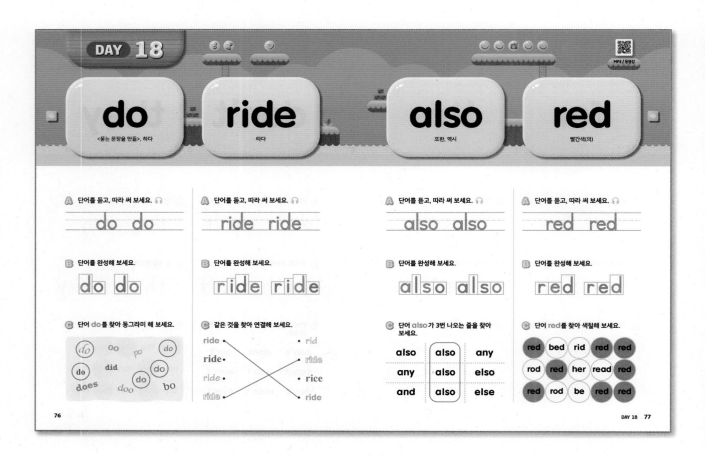

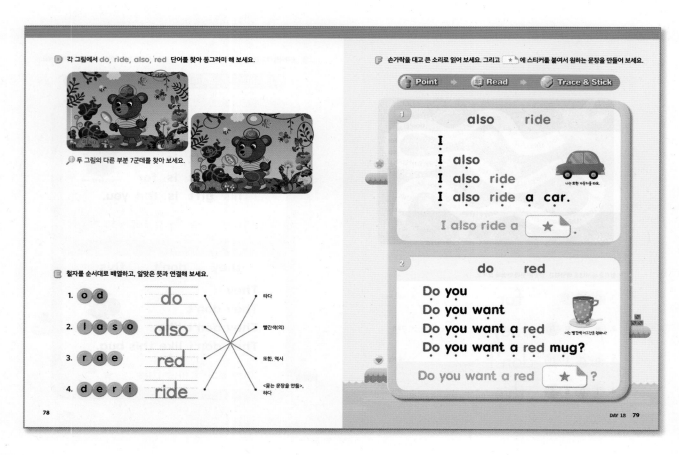

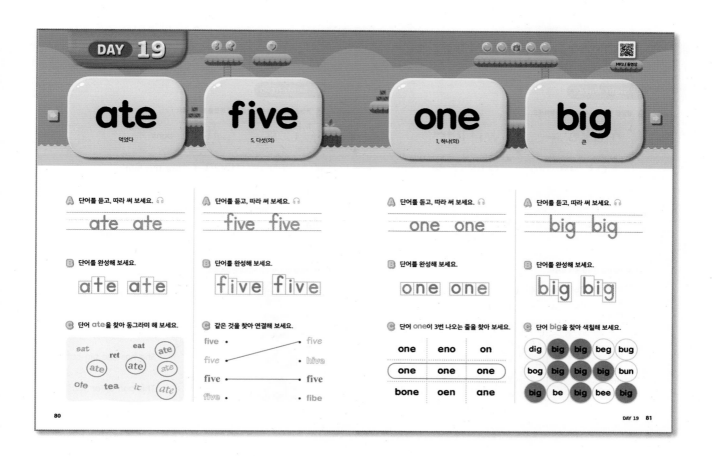

ate 먹었다

five 5, 다섯(의)

one 1, 하나(의)

big 큰

Ⓐ 단어를 듣고, 따라 써 보세요. 🎧

ate ate

Ⓑ 단어를 완성해 보세요.

ate ate

Ⓒ 단어 ate을 찾아 동그라미 해 보세요.

sat		eat	ate
ret	ate	ate	ate
ote	tea	it	ate

Ⓐ 단어를 듣고, 따라 써 보세요. 🎧

five five

Ⓑ 단어를 완성해 보세요.

five five

Ⓒ 같은 것을 찾아 연결해 보세요.

five • • five
five • • hive
five • • five
five • • fibe

Ⓐ 단어를 듣고, 따라 써 보세요. 🎧

one one

Ⓑ 단어를 완성해 보세요.

one one

Ⓒ 단어 one이 3번 나오는 줄을 찾아 보세요.

one	eno	on
one	one	one
bone	oen	ane

Ⓐ 단어를 듣고, 따라 써 보세요. 🎧

big big

Ⓑ 단어를 완성해 보세요.

big big

Ⓒ 단어 big을 찾아 색칠해 보세요.

dig	big	big	beg	bug
bog	big	big	big	bun
big	be	big	bee	big

80

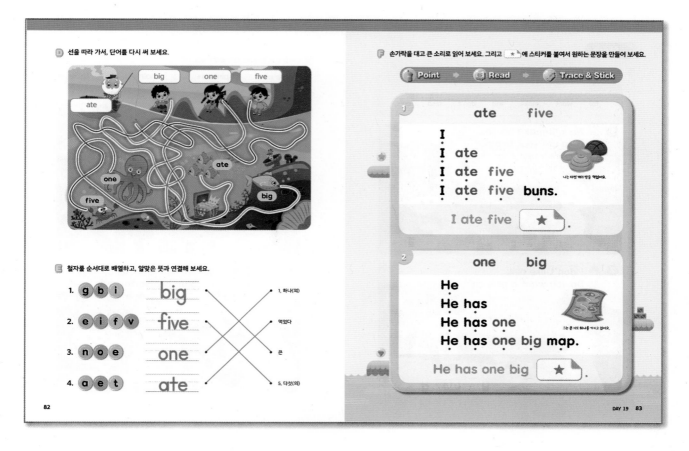

Ⓓ 선을 따라 가서, 단어를 다시 써 보세요.

big   one   five

ate

one
five
ate
big

Ⓔ 철자를 순서대로 배열하고, 알맞은 뜻과 연결해 보세요.

1. g b i   big   • 1, 하나(의)
2. e i f v   five   • 먹었다
3. n o e   one   • 큰
4. a e t   ate   • 5, 다섯(의)

82

🖐 손가락을 대고 큰 소리로 읽어 보세요. 그리고 ★에 스티커를 붙여서 원하는 문장을 만들어 보세요.

Ⓟ Point   Ⓡ Read   Ⓣ Trace & Stick

1

ate   five

I
I ate
I ate five
I ate five buns.

나는 다섯 개의 빵을 먹었어요.

I ate five ★ .

2

one   big

He
He has
He has one
He has one big map.

그는 큰 지도 하나를 가지고 있어요.

He has one big ★ .

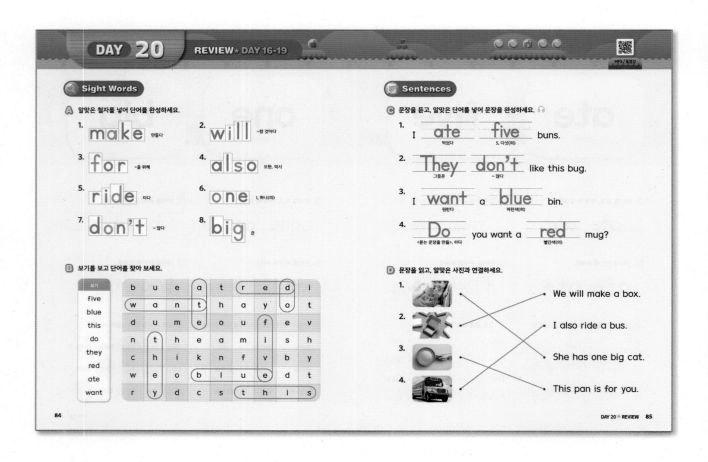

Sight Words

알맞은 철자를 넣어 단어를 완성하세요.

1. make 만들다
2. will ~할 것이다
3. for ~을 위해
4. also 또한, 역시
5. ride 타다
6. one 1, 하나(의)
7. don't ~않다
8. big 큰

보기를 보고 단어를 찾아 보세요.

보기: five, blue, this, do, they, red, ate, want

b	u	e	a	t	r	e	d	i
w	a	n	t	h	a	y	o	t
d	u	m	e	o	u	f	e	v
n	t	h	e	a	m	i	s	h
c	h	i	k	n	f	v	b	y
w	e	o	b	l	u	e	d	t
r	y	d	c	s	t	h	i	s

Sentences

문장을 듣고, 알맞은 단어를 넣어 문장을 완성하세요.

1. I ate 먹었다 five 5, 다섯(의) buns.
2. They 그들은 don't ~않다 like this bug.
3. I want 원한다 a blue 파란색(의) bin.
4. Do <묻는 문장을 만들> , 하다 you want a red 빨간색(의) mug?

문장을 읽고, 알맞은 사진과 연결하세요.

1.
2.
3.
4.

- We will make a box.
- I also ride a bus.
- She has one big cat.
- This pan is for you.

84   DAY 20 ★ REVIEW 85

Story

보기 단어들을 찾아 동그라미 해 보세요.

보기: for   want   make   will   don't   also   do

1. We will make houses. Here are your things.
2. I don't like pink. Do you want a pink chair?

단어를 듣고, 큰 소리로 따라 말해 보세요.

house 집   pink 분홍색   chair 의자   table 식탁

스토리를 듣고, 세 번 읽어 보세요.

3. I don't like blue. Do you want a blue table?
4. Oh! Pink is also for boys. Blue is also for girls.

86   DAY 20 ★ REVIEW 87

24

① We **will make** houses.
Here are your things.

우리는 집을 만들 거야.
여기 너희 것들이야.

② I **don't** like pink.
Do you **want** a pink chair?

나는 분홍색이 싫어.
분홍색 의자를 원하니?

③ I **don't** like blue.
Do you **want** a blue table?

나는 파란색이 싫어.
파란색 식탁을 원하니?

④ Oh! Pink is **also for** boys.
Blue is **also for** girls.

오! 분홍색은 남자아이들을 위한
것이기도 하구나.

파란색이 여자아이들을 위한
것이기도 하구나.

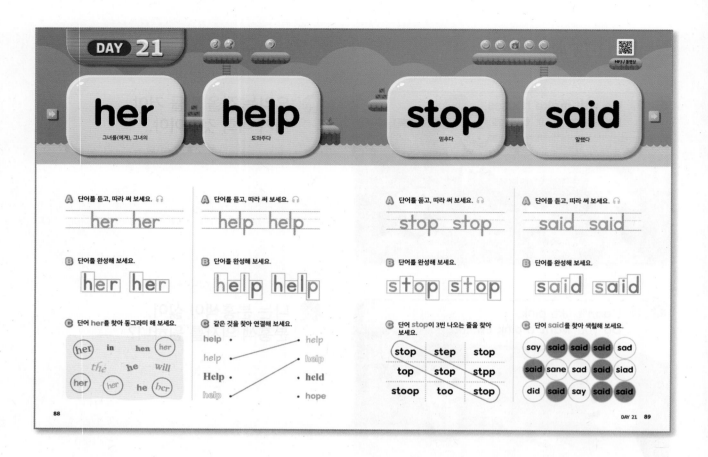

her
그녀를(에게), 그녀의

help
도와주다

stop
멈추다

said
말했다

Ⓐ 단어를 듣고, 따라 써 보세요. 🎧

her her

Ⓑ 단어를 완성해 보세요.

her her

Ⓒ 단어 her를 찾아 동그라미 해 보세요.

her	in	hen	her
the	he	will
her	her	he	her

88

Ⓐ 단어를 듣고, 따라 써 보세요. 🎧

help help

Ⓑ 단어를 완성해 보세요.

help help

Ⓒ 같은 것을 찾아 연결해 보세요.

help • • help
help • • help
Help • • held
help • • hope

Ⓐ 단어를 듣고, 따라 써 보세요. 🎧

stop stop

Ⓑ 단어를 완성해 보세요.

stop stop

Ⓒ 단어 stop이 3번 나오는 줄을 찾아 보세요.

stop	step	stop
top	stop	stpp
stoop	too	stop

Ⓐ 단어를 듣고, 따라 써 보세요. 🎧

said said

Ⓑ 단어를 완성해 보세요.

said said

Ⓒ 단어 said를 찾아 색칠해 보세요.

say	said	said	said	sad
said	sane	sad	said	siad
did	said	say	said	said

DAY 21 89

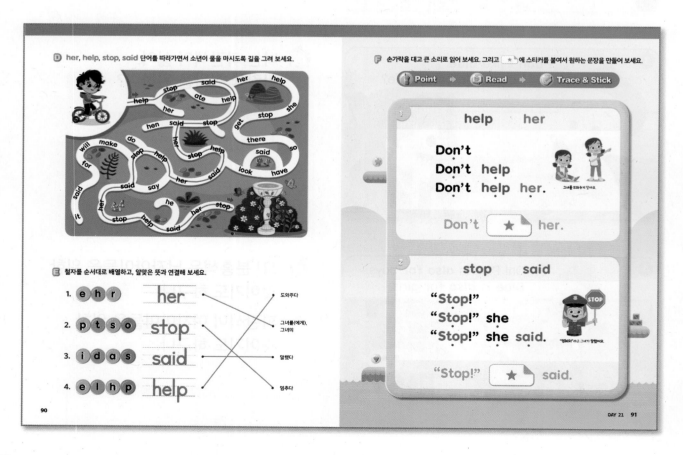

Ⓓ her, help, stop, said 단어를 따라가면서 소년이 물을 마시도록 길을 그려 보세요.

Ⓕ 손가락을 대고 큰 소리로 읽어 보세요. 그리고 ★ 에 스티커를 붙여서 원하는 문장을 만들어 보세요.

🖐 Point ➡ 👆 Read ➡ ✓ Trace & Stick

1

help   her

Don't
Don't help
Don't help her.

그녀를 도와주지 말아요.

Don't ★ her.

Ⓔ 철자를 순서대로 배열하고, 알맞은 뜻과 연결해 보세요.

1. e h r   her   • 도와주다

2. p t s o   stop   • 그녀를(에게), 그녀의

3. i d a s   said   • 말했다

4. e l h p   help   • 멈추다

2

stop   said

"Stop!"
"Stop!" she
"Stop!" she said.

"멈춰요!"라고 그녀가 말했어요.

"Stop!" ★ said.

90

DAY 21 91

26

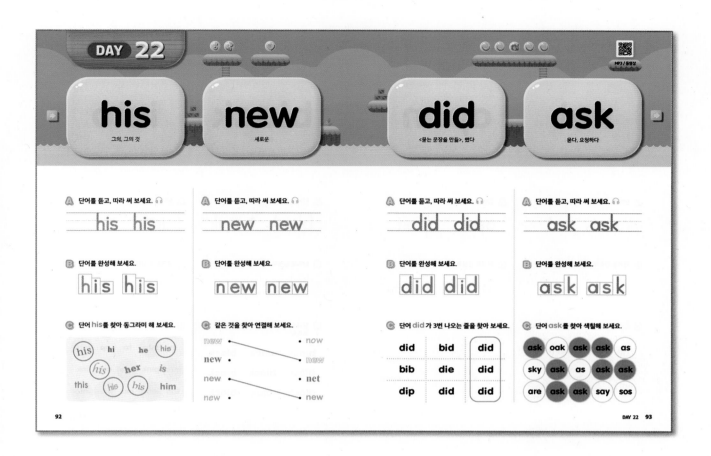

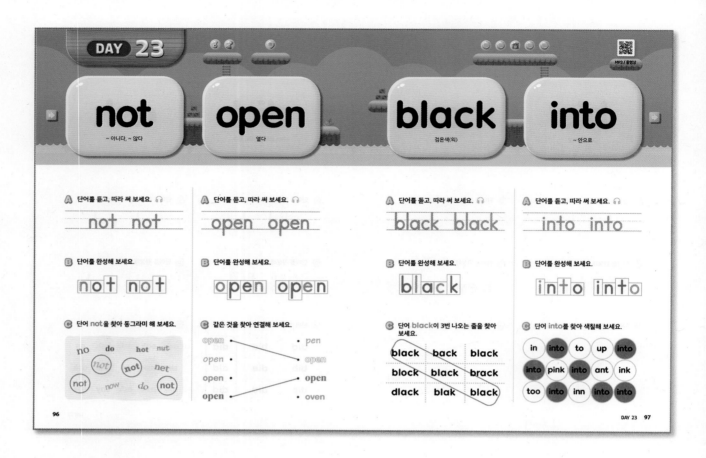

not
~ 아니다, ~ 않다

open
열다

black
검은색(의)

into
~ 안으로

Ⓐ 단어를 듣고, 따라 써 보세요. 🎧

not not

Ⓐ 단어를 듣고, 따라 써 보세요. 🎧

open open

Ⓐ 단어를 듣고, 따라 써 보세요. 🎧

black black

Ⓐ 단어를 듣고, 따라 써 보세요. 🎧

into into

Ⓑ 단어를 완성해 보세요.

not not

Ⓑ 단어를 완성해 보세요.

open open

Ⓑ 단어를 완성해 보세요.

black

Ⓑ 단어를 완성해 보세요.

into into

Ⓒ 단어 not을 찾아 동그라미 해 보세요.

no   do   hot   nut
(not)   (not)   net
(not)   now   do   (not)

Ⓒ 같은 것을 찾아 연결해 보세요.

open •   • pen
open •   • open
open •   • open
open •   • oven

Ⓒ 단어 black이 3번 나오는 줄을 찾아 보세요.

black	back	black
block	black	brack
dlack	blak	black

Ⓒ 단어 into를 찾아 색칠해 보세요.

in	into	to	up	into
into	pink	into	ant	ink
too	into	inn	into	into

96

DAY 23   97

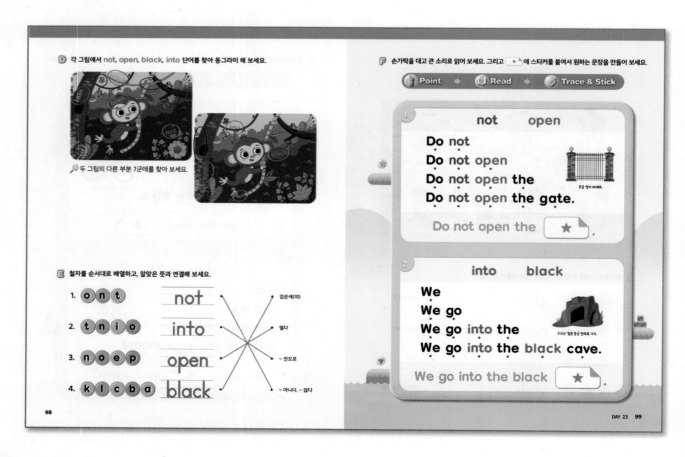

Ⓓ 각 그림에서 not, open, black, into 단어를 찾아 동그라미 해 보세요.

🔍 두 그림의 다른 부분 7군데를 찾아 보세요.

Ⓔ 철자를 순서대로 배열하고, 알맞은 뜻과 연결해 보세요.

1. o n t   not   • 검은색(의)

2. t n i o   into   • 열다

3. n o e p   open   • ~ 안으로

4. k l c b a   black   • ~ 아니다, ~ 않다

Ⓕ 손가락을 대고 큰 소리로 읽어 보세요. 그리고 ★ 에 스티커를 붙여서 원하는 문장을 만들어 보세요.

🖐 Point ➡ 📖 Read ➡ ✏ Trace & Stick

1   not   open

Do not
Do not open
Do not open the
Do not open the gate.

문을 열지 마세요.

Do not open the ★ .

2   into   black

We
We go
We go into the
We go into the black cave.

우리는 검은 동굴 안으로 가요.

We go into the black ★ .

98

DAY 23   99

28

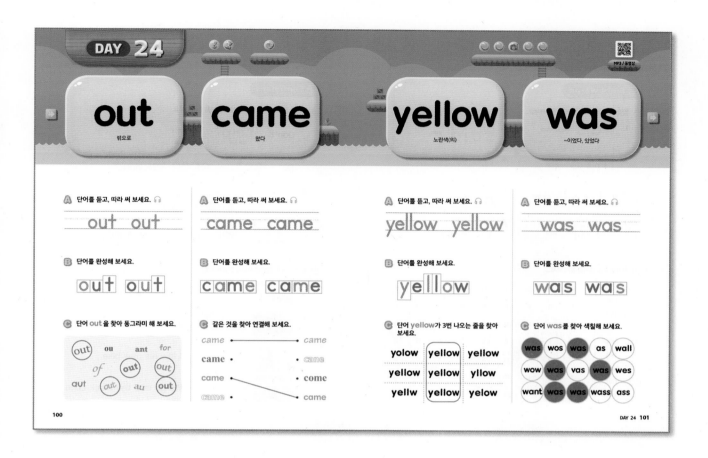

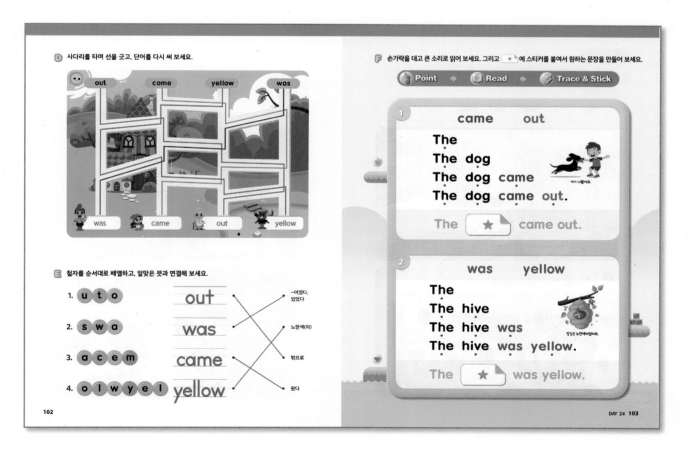

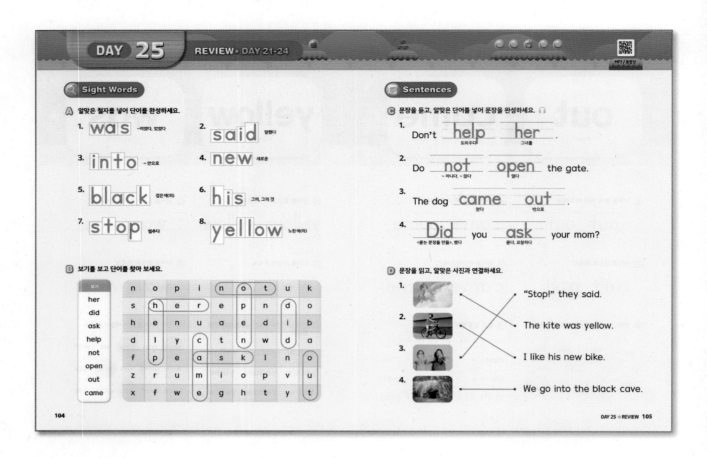

Sight Words

A 알맞은 철자를 넣어 단어를 완성하세요.

1. **was** ~이었다, 있었다
2. **said** 말했다
3. **into** ~안으로
4. **new** 새로운
5. **black** 검은색(의)
6. **his** 그의, 그의 것
7. **stop** 멈추다
8. **yellow** 노란색(의)

B 보기를 보고 단어를 찾아 보세요.

보기
her
did
ask
help
not
open
out
came

n	o	p	i	n	o	t	u	k
s	h	e	r	e	p	n	d	o
h	e	n	u	a	e	d	i	b
d	l	y	c	t	n	w	d	a
f	p	e	a	s	k	l	n	o
z	r	u	m	i	o	p	v	u
x	f	w	e	g	h	t	y	t

Sentences

C 문장을 듣고, 알맞은 단어를 넣어 문장을 완성하세요.

1. Don't **help** 도와주다 **her** 그녀를.
2. Do **not** ~아니다, ~않다 **open** 열다 the gate.
3. The dog **came** 왔다 **out** 밖으로.
4. **Did** <물는 문장을 만듦>, 했다 you **ask** 묻다, 요청하다 your mom?

D 문장을 읽고, 알맞은 사진과 연결하세요.

1. — "Stop!" they said.
2. — The kite was yellow.
3. — I like his new bike.
4. — We go into the black cave.

Story

E 보기 단어들을 찾아 동그라미 해 보세요.

보기
help   her   said   ask   came   stop   did

1 Cinderella wanted to go to the party

2 "**Help**" me!" she **said**.
Robot Jane **came** and **help**ed **her** clean.

F 단어를 듣고, 큰 소리로 따라 말해 보세요.

party 파티   **robot** 로봇   **clean** 청소하다   **dress** 옷을 입다, 드레스

G 스토리를 듣고, 세 번 읽어 보세요.

3 Jane also **help**ed **her** dress.
The dress was pink.

4 "**Stop**!" she **said**.
Cinderella **did** not **ask** Jane to **help**.

① Cinderella wanted to go to the party

신데렐라는 파티에 가고 싶었습니다.

② "**Help** me!" she **said**.
Robot Jane **came** and **help**ed **her** clean.

"나를 도와줘!" 그녀가 말했습니다.
로봇 제인이 와서 그녀가 청소하는 것을 도와주었습니다.

③ Jane also **help**ed **her** dress.
The dress was pink.

제인은 또한 신데렐라가 옷 입는 것을 도와주었습니다.
드레스는 분홍색이었습니다.

④ "**Stop**!" she **said**.
Cinderella **did not ask** Jane to **help**.

"그만해!" 그녀가 말했습니다.
신데렐라는 제인에게 도와달라고 요청하지 않았습니다.

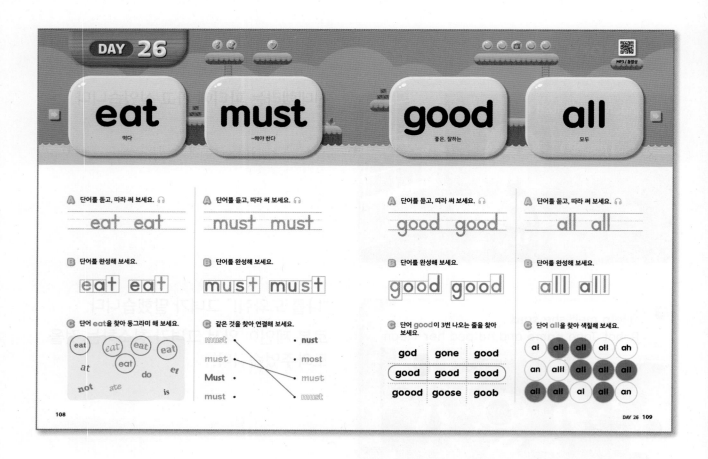

eat
먹다

must
~해야 한다

good
좋은, 잘하는

all
모두

Ⓐ 단어를 듣고, 따라 써 보세요. 🎧

eat eat

Ⓑ 단어를 완성해 보세요.

eat eat

Ⓒ 단어 eat을 찾아 동그라미 해 보세요.

eat eat eat eat
at   eat
not ate   do   et
              is

Ⓐ 단어를 듣고, 따라 써 보세요. 🎧

must must

Ⓑ 단어를 완성해 보세요.

must must

Ⓒ 같은 것을 찾아 연결해 보세요.

must •   • nust
must •   • most
Must •   • must
must •   • must

Ⓐ 단어를 듣고, 따라 써 보세요. 🎧

good good

Ⓑ 단어를 완성해 보세요.

good good

Ⓒ 단어 good이 3번 나오는 줄을 찾아 보세요.

god	gone	good
good	good	good
goood	goose	goob

Ⓐ 단어를 듣고, 따라 써 보세요. 🎧

all all

Ⓑ 단어를 완성해 보세요.

all all

Ⓒ 단어 all을 찾아 색칠해 보세요.

al	all	all	oll	ah
an	alll	all	all	all
all	all	al	all	an

108

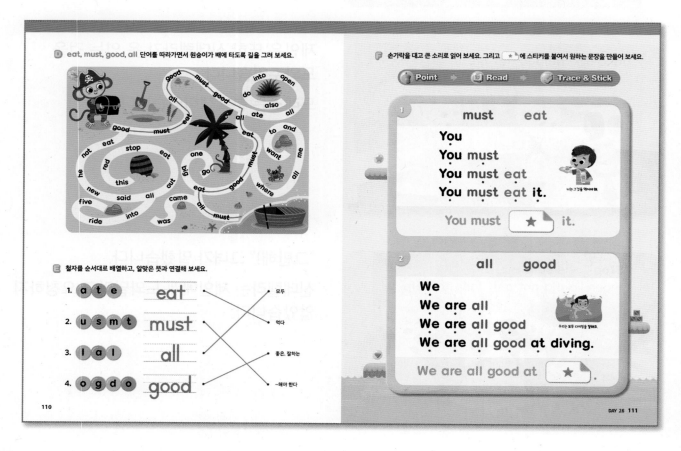

Ⓓ eat, must, good, all 단어를 따라가면서 원숭이가 배에 타도록 길을 그려 보세요.

Ⓔ 철자를 순서대로 배열하고, 알맞은 뜻과 연결해 보세요.

1. a t e   eat   • 모두
2. u s m t must   • 먹다
3. l a l   all   • 좋은, 잘하는
4. o g d o good   • ~해야 한다

110

Ⓕ 손가락을 대고 큰 소리로 읽어 보세요. 그리고 ★ 에 스티커를 붙여서 원하는 문장을 만들어 보세요.

Point → Read → Trace & Stick

1 must   eat

You
You must
You must eat
You must eat it.

You must ★ it.

2 all   good

We
We are all
We are all good
We are all good at diving.

We are all good at ★ .

32

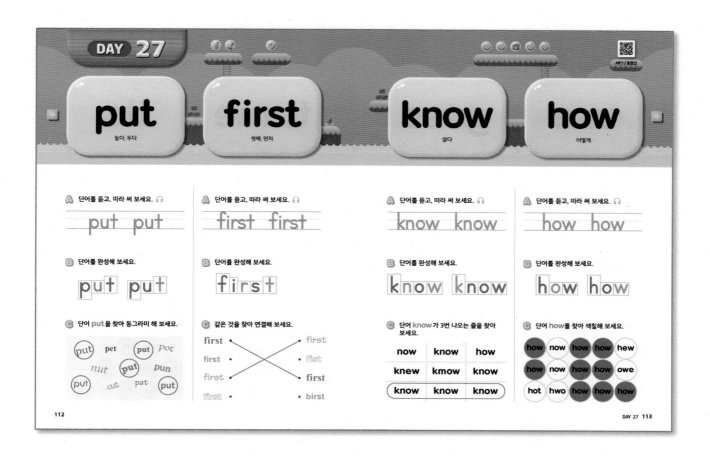

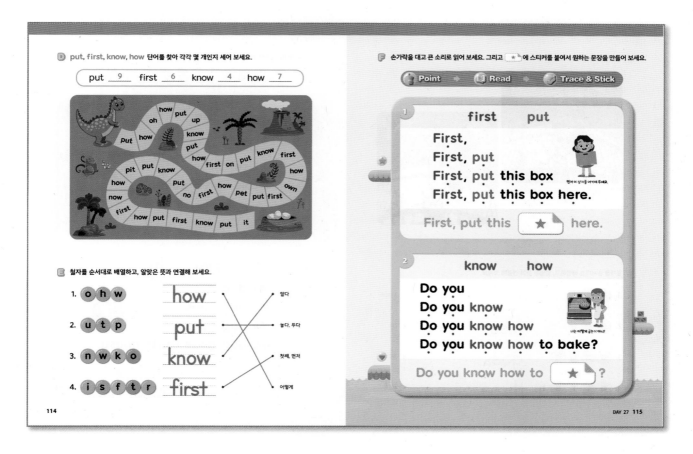

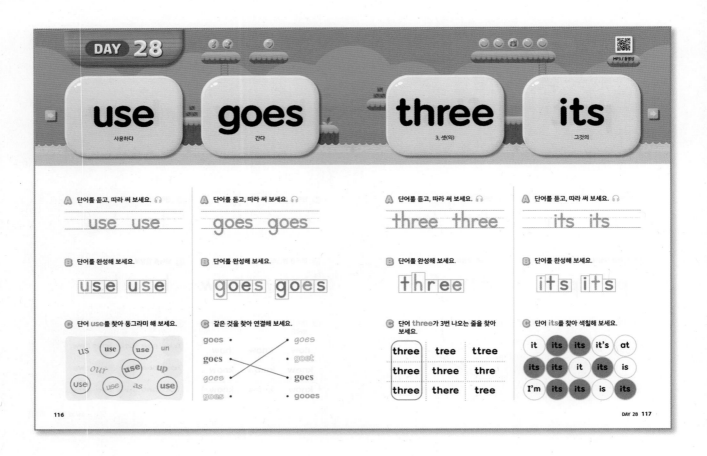

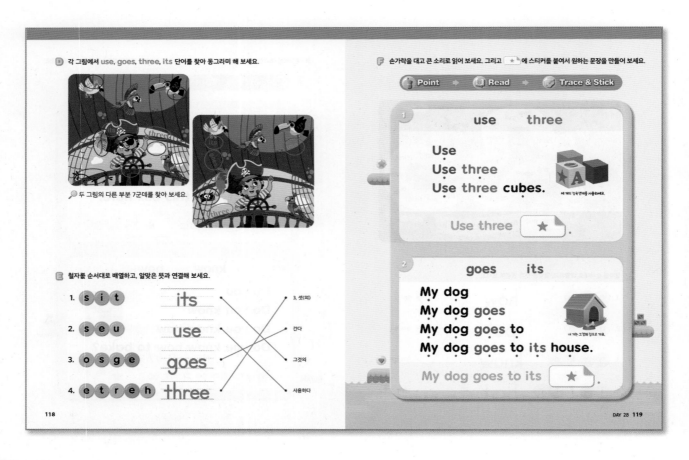

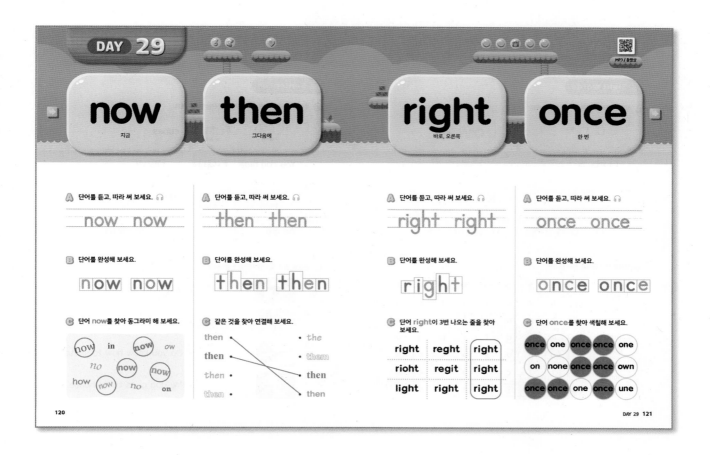

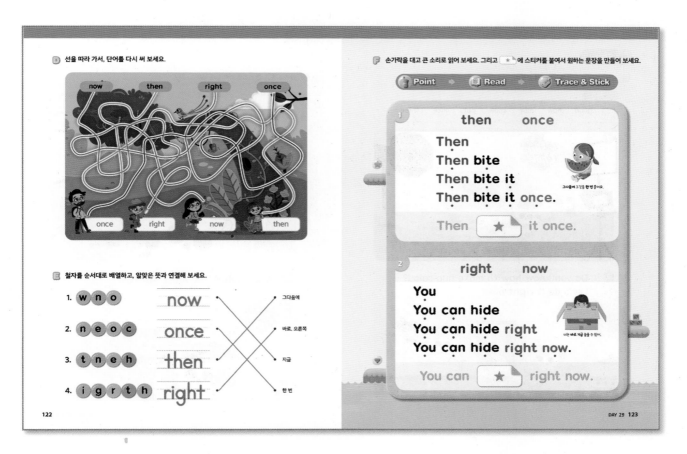

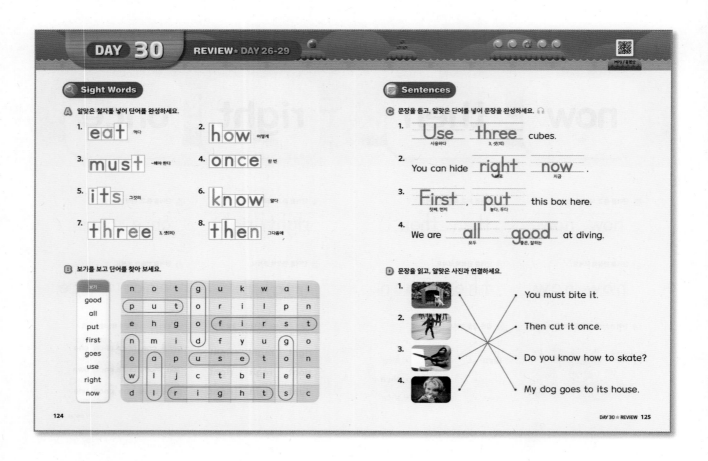

Monster Mike is **good** at cooking.

몬스터 마이크는 요리를 잘합니다.

Do you **know how** to make bug salad?
Let's do it **right now**!

벌레 샐러드를 어떻게 만드는지 아세요?
바로 지금 해 봅시다!

First, **put three** spiders into the salad.
Then add five black ants.

우선, 샐러드 안에 거미 세 마리를 넣으세요.
그러고나서 검은색 개미 다섯 마리를
추가하세요.

Mix it **once**. You **must eat** it!

한 번 섞으세요.
꼭 먹어 보셔야 해요!

Memo

Memo

Memo

쉽고 재미있는 문장 쓰기부터, 체계적인 에세이 작성까지!

친절한 Writing 시리즈

Write It! Beginner
(초 2~3학년)

Write It!
(초 4~5학년)

Write It! Paragraph to Essay
(초 6~중등)

NE_Build & Grow

홈페이지
바로가기

네이버카페
바로가기